浩說
浩丨說丨北丨交丨所
HAO SHUO BEI JIAO SUO

浩说北交所

北交所一本通

李　浩◎主编

中国经济出版社
CHINA ECONOMIC PUBLISHING HOUSE
·北京·

图书在版编目（CIP）数据

北交所一本通 / 李浩主编 . --北京 ：中国经济出版社，2021. 11 （2022 .1重印）

ISBN 978-7-5136-6744-9

Ⅰ. ①北… Ⅱ. ①李… Ⅲ. ①证券交易所-概况-北京 Ⅳ. ①F832. 51

中国版本图书馆 CIP 数据核字（2021）第 236570 号

责任编辑　丁　楠
责任印制　马小宾
封面设计　任燕飞

出版发行　中国经济出版社
印 刷 者　北京富泰印刷有限责任公司
经 销 者　各地新华书店
开　　本　710mm×1000mm　1/16
印　　张　15. 5
字　　数　220 千字
版　　次　2021 年 11 月第 1 版
印　　次　2022 年 1 月第 2 次
定　　价　68. 00 元
广告经营许可证　京西工商广字第 8179 号

中国经济出版社 **网址** www. economyph. com **社址** 北京市东城区安定门外大街 58 号 **邮编** 100011
本版图书如存在印装质量问题，请与本社销售中心联系调换（联系电话：010-57512564）

序言1

初心如磐，与时代同兴

在2021年中国国际服务贸易交易会全球服务贸易峰会上，习近平总书记发表视频致辞时指出："我们将继续支持中小企业创新发展，深化新三板改革，设立北京证券交易所，打造服务创新型中小企业阵地。"

两个多月后，北交所正式开市。从促进宏观经济转型、支持中小企业发展、构建多层次资本市场等多个维度来看，北交所的设立具有重大的历史意义，是中国资本市场三十多年历史中的重要里程碑。

中国资本市场在党中央的正确领导下，市场层次不断增加、金融产品不断丰富、市场规模逐渐扩大，取得了举世瞩目的成绩。北交所的设立，是在新三板多年探索积累基础上，为创新型中小企业量身打造的服务"主阵地"，对落实国家创新驱动发展战略，推动经济高质量发展具有重要意义。作为生活和工作在北京的一员，我尤其高兴。北交所的诞生将有效改变中国的金融布局，对于南重北轻的失衡局面是一次重大调整的机遇，对北京如此，对国家如此，对投资者也是如此，北京因此有了恢复市场化金融中心的抓手，可以有效避免产业空心化，从而撑起整个中国北方的市场。

在这样的时间节点，我的老朋友李浩出版了他的新书《北交所一本通》，这本书可以说是正逢其时。更早的时候，李浩还写过一本书，名字叫《新三板挂牌上市一本通》，作为投行资深人士，李浩和一群同道中人致力于新三板的研究、推广，为中国资本市场的改革发展、国民经济健康发展贡献力量，为建设有活力有韧性的资本市场辛勤耕耘、不懈努力，十余年如一日。李浩深耕新三板十余年，北交所脱胎于新三板，可以说，介绍北交所的方方面面，没有比他更合适的人选了，相信这本书会让大家收获满满。

祝愿新书宏图大展。

2021 年 11 月

序言2

大鹏一日同风起，万里云霄好奋飞

北交所的成立是中国资本市场发展历程中又一次历史性突破，是落实国家创新驱动发展战略、完善多层次资本市场体系、深化股票发行注册制改革的重大举措。北交所不仅是一个新的证券交易板块，也是整个资本市场改革的试验田，更是我国金融资本助力实体经济发展的新契机。

中小企业作为我国国民经济和社会发展的生力军，是建设现代化经济体系，推动经济实现高质量发展的重要基础，是扩大就业、改善民生的重要支撑，设立北交所服务创新型中小企业，对于保持我国经济较快健康发展具有重大的战略意义。

从宏观层面来讲，我国经济正向高质量发展转型，以往过度依赖地产和金融的模式将逐步被科技型企业主导的高质量发展所取代，成立北交所的目标之一就是培育一批“专精特新”的中小企业，形成创新创业热情高涨、合格投资者踊跃参与的良性市场生态。从金融市场的层面来讲，金融是现代经济的核心，也是国家竞争力的重要组成部分，北交所的成立对于完善富有中国特色的多层次资本市场体系、支持中小微企业创新创业、促进我国南北经济均衡发展、增强证券行业服务实体经济能力，具有十分重要的意义。

北交所脱胎于新三板，经过多年的发展，新三板已经诞生了一批“专精特新”企业，北交所的市场基础已经成熟，新三板市场精选层超过68

家公司将全部平移进入北交所。李浩及其成立的北京科创企业投融资联盟和三板汇投顾集团，是新三板市场的重要参与者，也是深化新三板改革的践行者。

对于孕育着伟大机会的北交所，普通投资者的机会有哪些？该如何参与北交所的股票交易？作为一个新生事物，北交所的政策和制度体系如何？与上交所和深交所相比，北交所的优势在哪里？……这些问题，在李浩总的新书《北交所一本通》中都能找到答案。作为资深从业者和研究者，李浩总着眼热点迅速做出专业总结、判断与前瞻，在第一时间，以《北交所一本通》一书为大家提供业内参考。

北交所目前有81家上市公司，规模无法和上交所和深交所相比，不过北交所有强大的创新层和基础层，假以时日，三足鼎立是必然的。新的征程已经开启，祝愿北交所的未来鹏程万里，祝愿《北交所一本通》的销量扶摇直上。

2021年11月

目 录

第一章

北交所定位

一、有新三板，为何还要设立北交所

新三板全称“全国中小企业股份转让系统”，主要为非上市中小企业的股份公开转让、融资、并购等提供相关服务。新三板分为基础层、创新层、精选层。北京证券交易所（简称北交所）开市后，新三板精选层企业平移至北交所，按照注册制要求继续履行审核、注册程序。

回顾新三板的发展史，北交所的设立为新三板的发展带来了新的契机。

2001 年 6 月，中国证券业协会主板设立代办股份转让系统（简称老三板），解决 STAQ 和 NET 两大系统挂牌公司的股份流通问题。

2006 年 1 月，在老三板的基础上，正式启动中关村科技园区非上市公司报价转让系统（简称新三板），新三板正式诞生。

2013 年 1 月，全国中小企业股份转让系统正式揭牌运营，同年 12 月，新三板扩容至全国范围。

随后的 2014—2016 年，推出做市商制度、三板成指做市指数上线、落实分层管理制度，挂牌公司数量超过10 000家，新三板迎来了大发展机遇和第一次高潮。

2019 年以来，随着资本市场深化改革的推进，精选层、转板制度的推出，充分实现优中选优，中小企业迎来第二次发展机遇和高潮。

2021 年 9 月，习近平总书记在 2021 年中国国际服务贸易交易会全球服务贸易峰会上宣布：“深化新三板改革，设立北京证券交易所，打造服务创新型中小企业主阵地。”

北交所与以往新三板最大的不同在于，股票可以实现上市流通，北交所叫“上市”，而新三板只能称“挂牌”。此前，要想上市只能去上海证券交易所（简称上交所）或深圳证券交易所（简称深交所），但上交所服务的是大中型企业、深交所服务的多是创新型企业，而中小企业占企业总数的90%，这些市场都无法满足绝大多数企业的融资需求。新三板设立后，个人投资者门槛仍不低于100万元，交易制度不灵活，导致新三板的流动性和活跃度比较差。

成立北交所，就是希望改变以往人们对于新三板流动性差的印象，更好地促进创新型中小企业的迅速发展，增强新三板股票的流动性和活跃度，让资本市场更好地服务于中小企业，解决创新型中小企业的融资和发展问题。

二、北交所设立的战略意义

北交所的设立直接带动了新三板的发展，这是其最显著、最直观的意义。除此之外，北交所的设立，还有更深层的含义。

（一）深化资本市场改革

北交所成立后，精选层制度整体平移，企业无须转板即可上市，并属于A股上市公司范畴。北交所仍实行注册制，是资本市场改革的延续，是国家增强资本市场直接融资功能的体现。北交所市场规则参照沪深交易所的融资服务、交易服务和投资者群体建立。短期来看，北交所为投资机构进入新三板提供了可行通道，有利于公募、保险等机构资金进入，提升交易流动性；长期来看，有利于吸引更多优质的创新型中小企业加入资本市场，扩大优质标的来源，对资本市场的发展长期利好。

（二）引导资本有序扩展，实现价值投资

北交所的设立，使众多基础层、创新层企业有了更好的上升通道，使投资于基础层、创新层的机构拥有更多的退出方式。不少创新层、精选层企业获得了“专精特新”企业的称号，这些是国家大力发展的优质标的，

为投资者提供了丰富的项目来源，从根本上解决了优质项目的来源问题，有利于吸引投资人进来有针对性地投资，避免盲目筛选项目，引导资本有序扩展、长期布局。

投资者入场后，通过对标的企业的深度研究，可前瞻性地布局优势行业，深挖个股价值，有利于真正价值投资的实现。另外，将提升新三板的流动性和融资功能，在一定程度上解决中小企业融资难、融资贵的问题。

（三）引领新一轮创新发展和技术革命

近年来，随着国际上不断出现的贸易摩擦和技术壁垒，核心竞争力已成为未来发展不可回避的话题。技术革命和创新创造能力不断改变着人们的生活方式和社会的经济结构，而中小企业是科技创新的主力军。我国现有4 000多万家企业，其中95%以上是中小企业，这些中小企业贡献了50%以上的税收，60%以上的GDP，70%以上的技术创新成果，80%以上的劳动就业，90%以上的企业数量，是推动经济实现高质量发展的重要基础。

国家不断加大对创新型中小企业的支持力度，使这些企业能够以在北交所上市为目标，集中精力关注企业自身发展和科研创新问题，不断提升全球竞争力。北交所的设立，就是要重点关注创新型中小企业，培育出一批专精特新“小巨人”企业，绕开被国外技术“卡脖子”的问题，发挥科技创新在制造强国中的作用。

三、专精特新企业迎来良好发展契机

专精特新企业是国民经济的重要力量，对于解决国外技术“卡脖子”难题具有重大意义。“专精特新”并不是一个新概念，早在2011年就由工业和信息化部总工程师朱宏任在《中国产业发展和产业政策报告（2011）》中首次提出。不过从近年来诸多部委文件和奖励政策来看，对专精特新中小企业的培育已上升到前所未有的高度，尤其是在技术创新、市场竞争和品牌影响力方面具有竞争力的专精特新“小巨人”企业，受到更多的关注。根据《关于支持“专精特新”中小企业高质量发展的通知》

（财建〔2021〕2 号），2021—2025 年，中央财政将累计安排 100 亿元以上奖补资金，分三批重点支持1 000余家国家级专精特新“小巨人”企业高质量发展，帮助这些企业充分发挥其示范带动作用。

自 2019 年以来，全国累计公布三批4 762家中小企业入选专精特新“小巨人”企业名单。2021 年 7 月，工业和信息化部公布了第三批专精特新“小巨人”企业名单，共2 930家企业上榜。其中有 213 家新三板企业入围，包括 6 家精选层企业：星辰科技、德瑞锂电、万通液压、观典防务、长虹能源、泰祥股份；71 家创新层企业，包括安达科技、润成科技等；136 家基础层企业，包括驿路通、金冠科技等。

北交所的成立，为专精特新中小企业提供了发展平台，利好整体经济发展；有利于激发市场活力，带动科研创新精神，培育企业家精神，为实施科技强国战略奠定坚实的基础。

四、北交所的制度红利

2021 年 7 月，中共中央政治局会议提到，要强化科技创新和产业链、供应链韧性，加强基础研究，推动应用研究，开展补链强链专项行动，加快解决“卡脖子”难题，发展专精特新中小企业。2021 年 8 月，习近平总书记主持召开中央财经委员会第十次会议，在会上强调，共同富裕是社会主义的本质要求，是中国式现代化的重要特征，要坚持以人民为中心的发展思想，在高质量发展中促进共同富裕。

北交所正是在这种背景下应运而生，是国家从制度层面为我们带来的红利。

（一）创新型中小企业的融资大道

北交所整体沿用新三板精选层的标准，无论从市值、营业收入还是对净利润的要求来看，北交所的上市标准都显著低于上交所和深交所。这对中小企业来说是一大利好，中小企业可借助北交所的快车道实现融资，解决融资难、融资贵的问题。从发行结果来看，2021 年 9 月三板市场 60 日平均市盈率为 23.04，较 2021 年 8 月增长 26%。由此看来，北交所的带动作用显著，未来融资能力可期。

（二）投资机构的退出通道

一直以来，新三板饱受诟病，就是因为其交易不活跃，退出通道不顺畅，而投资机构只有成功退出后才能将投资收益变现。北交所设立后，企业上市变得更加容易，投资机构不用再担心市场不活跃的问题，有利于天使投资、VC 等早期投资的进入，可以激发市场活力，促进投资新经济。具备上市条件的企业，可以不再为银行贷款问题发愁，从而转向股权市场融资。企业家可以分享资本给企业发展带来的动力，投资人可以分享优质企业成长的红利。

（三）流动性的改善

北交所设立前，公募基金参与精选层的程度有限，因为企业数量有限，资金量小，整体交易不太活跃。北交所设立后，更多的公募基金可以参与到市场中来。更重要的是，未来进入北交所的优质企业数量会增加，交易资金量会增大，市场活跃度会提升，这些将吸引更多优质的公募基金进入市场，反过来会促进交易量的提升。

另外，流动性的改善并不意味着不限制投资门槛。精选层个人投资者门槛是 100 万元，北交所将进一步降低至 50 万元，股票交易涨跌幅限制仍是 30%。投资者需要具备一定的专业知识和实操经验，并具有一定的风险承受能力，这与科创板、创业板、主板形成梯队式排列，不同级别的投资者可以选择适合的交易板块。

目前，北交所的定位还是以机构投资者为主，借助专业投资机构的资金优势，发掘优质标的企业，提升市场活力，促进科技创新，承担我国探索以机构投资者为主导的新型交易所的重任。

五、北交所开市

2021 年 11 月 15 日，北交所揭牌暨开市仪式在北京隆重举办。北京市委书记蔡奇与中国证监会主席易会满共同为北交所揭牌并敲钟开市。北交所董事长徐明出席仪式并致辞，北交所总经理隋强主持仪式。

易会满主席在致辞中指出，设立北交所，是党中央、国务院立足构建新发展格局、推动高质量发展做出的重大决策部署，对于进一步健全多层次资本市场，加快完善中小企业金融支持体系，推动创新驱动发展和经济转型升级，都具有十分重要的意义。

徐明董事长在致辞中表示，北交所将紧紧围绕打造服务创新型中小企业主阵地这个目标，积极探索建立适应中小企业创新发展的政策体系、制度体系、服务体系，并在四个方面持续努力：一是更加包容，二是更加精准，三是更加创新，四是更具活力。为创新型中小企业更好更快发展营造良好市场环境，为投资者及市场各方创造出积极向上的市场文化。北交所开市首日有 81 只股票交易，10 只为新股，71 只为精选层平移股票。其中，71 只精选层平移股票将继续实施 30%涨跌幅限制，新股上市首日不设涨跌幅。10 只新股集体上涨，盘中触发两次临停，当日涨幅均超 100%，最高的“N 同心”涨幅接近 500%。开市三天内，北交所累计新开户 29. 5 万户，全市场合格投资者共计 432 万户，前三天股票成交近 170 亿元。

徐明董事长致辞

第二章

北交所制度体系

一、制度体系概况

2021 年 9 月 3 日，为贯彻落实党中央、国务院关于变更设立北交所的决策部署，夯实改革制度基础，保障相关改革措施落实落地，证监会起草了《北京证券交易所向不特定合格投资者公开发行股票注册管理办法（试行）》《北京证券交易所上市公司证券发行注册管理办法（试行）》《北京证券交易所上市公司持续监管办法（试行）》，并向社会征求意见，同时配套修订了《证券交易所管理办法》《非上市公众公司监督管理办法》《非上市公众公司信息披露管理办法》。

2021 年 9 月 5 日，构成北交所基本业务规则的《北京证券交易所股票上市规则》（简称上市规则）、《北京证券交易所交易规则》（简称交易规则）、《北京证券交易所会员管理规则》（简称会员管理规则）公布，并向社会征求意见。这三大规则是证券交易所履行法定职责、按照证券法规定必备的基本业务规则，构成了北交所公司监管、证券交易和会员管理的基本制度框架。其中，上市规则规定了北交所对上市公司及相关主体的监管要求，交易规则规定了北交所的证券交易制度，会员管理规则规定了北交所的会员资格等管理要求。

2021 年 9 月 10 日，为落实北交所试点注册制要求，明确北交所向不特定合格投资者公开发行股票并上市、上市公司再融资和上市公司重大资产重组审核安排，维护市场秩序，保护投资者合法权益，北交所起草了《北京证券交易所向不特定合格投资者公开发行股票并上市审核规则（试行）》《北京证券交易所上市公司证券发行上市审核规则（试行）》和《北京证券交易所上市公司重大资产重组审核规则（试行）》等业务规则。

2021 年 9 月 17 日，为了保障北交所市场规范发展，引导投资者理性参与北交所市场证券交易，保护投资者合法权益，北交所制定了《北京证券交易所投资者适当性管理办法（试行）》。

2021 年 10 月 30 日，经前期广泛征集意见，并经证监会批准后，北交所正式发布《北京证券交易所股票上市规则（试行）》《北京证券交易所向不特定合格投资者公开发行股票并上市审核规则（试行）》《北京证券交易所上市公司证券发行上市审核规则（试行）》《北京证券交易所上市公司重大资产重组审核规则（试行）》4 件基本业务规则，以及《北京证券交易所上市委员会管理细则》《北京证券交易所证券发行上市保荐业务管理细则》《北京证券交易所证券发行与承销管理细则》《北京证券交易所上市公司向特定对象发行优先股业务细则》《北京证券交易所上市公司向特定对象发行可转换公司债券业务细则》和《北京证券交易所上市公司持续监管指引第 1 号——独立董事》6 件配套细则和指引。上述业务规则自 2021 年 11 月 15 日起施行。

同日，证监会也在前期征求意见的基础上，正式发布了《北京证券交易所向不特定合格投资者公开发行股票注册管理办法（试行）》《北京证券交易所上市公司证券发行注册管理办法（试行）》《北京证券交易所上市公司持续监管办法（试行）》《关于修改〈非上市公众公司监督管理办法〉的决定》《关于修改〈非上市公众公司信息披露管理办法〉的决定》，并于 2021 年 11 月 15 日起正式施行。此外，证监会还发布了《中国证监会关于北京证券交易所上市公司转板的指导意见》并向社会征求意见，意见指出，北交所上市公司申请转板，应当已在北交所上市满一年。

至此，有关北交所的法律法规已具备基本雏形，关于北交所的法律法规体系如下：

国家法律法规

《中华人民共和国证券法》

《中华人民共和国公司法》

证监会部门规章

《北京证券交易所向不特定合格投资者公开发行股票注册管理办法（试行）》

《北京证券交易所上市公司证券发行注册管理办法（试行）》

《北京证券交易所上市公司持续监管办法（试行）》

《证券交易所管理办法（2021 年修订）》

《非上市公众公司监督管理办法（2021 年修订）》

《非上市公众公司信息披露管理办法（2021 年修订）》

北交所基础规则

《北京证券交易所股票上市规则（试行）》

《北京证券交易所向不特定合格投资者公开发行股票并上市审核规则（试行）》

《北京证券交易所上市公司证券发行上市审核规则（试行）》

《北京证券交易所上市公司重大资产重组审核规则（试行）》

《北京证券交易所交易规则（试行）》

《北京证券交易所会员管理规则（试行）》

《北京证券交易所上市委员会管理细则》

《北京证券交易所证券发行上市保荐业务管理细则》

《北京证券交易所证券发行与承销管理细则》

《北京证券交易所上市公司向特定对象发行优先股业务细则》

《北京证券交易所上市公司向特定对象发行可转换公司债券业务细则》

《北京证券交易所上市公司持续监管指引第 1 号——独立董事》

《北京证券交易所向不特定合格投资者公开发行股票并上市业务规则适用指引第 1 号》

《北京证券交易所投资者适当性管理办法（试行）》

《北京证券交易所自律监管措施和纪律处分实施细则》

其他规范性文件

《公开发行证券的公司信息披露内容与格式准则第 46 号——北京证券交易所公司招股说明书》

《公开发行证券的公司信息披露内容与格式准则第 47 号——向不特定合格投资者公开发行股票并在北京证券交易所上市申请文件》

《公开发行证券的公司信息披露内容与格式准则第 48 号——北京证券交易所上市公司向不特定合格投资者公开发行股票募集说明书》

《公开发行证券的公司信息披露内容与格式准则第 49 号——北京证券交易所上市公司向特定对象发行股票募集说明书和发行情况报告书》

《公开发行证券的公司信息披露内容与格式准则第 50 号——北京证券交易所上市公司向特定对象发行可转换公司债券募集说明书和发行情况报告书》

《公开发行证券的公司信息披露内容与格式准则第 51 号——北京证券交易所上市公司向特定对象发行优先股募集说明书和发行情况报告书》

《公开发行证券的公司信息披露内容与格式准则第 52 号——北京证券交易所上市公司发行证券申请文件》

《公开发行证券的公司信息披露内容与格式准则第 53 号——北京证券交易所上市公司年度报告》

《公开发行证券的公司信息披露内容与格式准则第 54 号——北京证券交易所上市公司中期报告》

《公开发行证券的公司信息披露内容与格式准则第 55 号——北京证券交易所上市公司权益变动报告书、上市公司收购报告书、要约收购报告书、被收购公司董事会报告书》

《公开发行证券的公司信息披露内容与格式准则第 56 号——北京证券交易所上市公司重大资产重组》

《非上市公众公司信息披露内容与格式准则第 18 号——定向发行可转换公司债券说明书和发行情况报告书》

《非上市公众公司信息披露内容与格式准则第 19 号——定向发行可转换公司债券发行申请文件》

《财政部、税务总局关于北京证券交易所税收政策适用问题的公告》

《中国证监会关于北京证券交易所上市公司转板的指导意见》

北交所的业务规则、制定思路和修订内容如下：

（一）监管标准与沪深交易所趋同，并保留差异化安排

北交所上市规则、交易规则、会员管理规则等三个业务规则与北交所的市场定位相匹配。上市规则在公司治理、信息披露、停复牌管理等方面与沪深交易所的监管标准保持一致；在现金分红、股权激励等方面实行更加灵活、有弹性的监管要求，适应创新型中小企业的经营特点和发展规律。交易规则整体延续了精选层的连续竞价交易制度，涨跌幅限制仍为30%，不改变投资者的交易习惯，确保市场交易的稳定性和连续性。会员管理规则明确了北交所会员交易风险控制、客户管理、交易信息使用，以及技术系统管理等方面的要求，北交所作为公司制交易所仍实行会员管理。

（二）沿用精选层标准

北交所股票的公开发行和注册审核分属于北交所、证监会。其中上市条件继续沿用精选层的四套标准。标准一侧重财务指标，市值为辅；标准二侧重市值标准，适合盈利模式清晰、业务快速发展的企业；标准三针对具有一定研发能力、研发成果已初步实现业务收入的企业；标准四适合市场高度认可、研发创新能力强的创新但未盈利的企业。目前，多数企业以标准一净利润的要求进入北交所。创新层、基础层符合四套标准的公司仍有很多，北交所后续储备企业数量众多。

（三）细化持续监管，取消持续督导

北交所在上市公司持续监管方面进行了调整：

一是优化公司治理，包括推动独立董事发挥更大作用；扩大资金占用主体的范围，紧盯关键少数人物；不得新增影响持续经营能力的同业竞争。

二是细化信息披露要求，建立内幕信息知情人管理和报备制度，严防内幕交易等违法行为。

三是严格停复牌管理规定。筹划重大资产重组或发行股份购买资产的，停牌时间不超过10个交易日；筹划其他重大事项的，停牌时间不超过

5 个交易日；因特殊情形延期复牌的，连续停牌总时长不超过 25 个交易日。

四是明确主体责任，不再实行主办券商“终身”持续督导，由保荐机构履行规定期限内的持续督导职责。

（四）建立退市制度

北交所贯彻“建制度、不干预、零容忍”的方针，既包容中小企业天然存在的业绩易受外部影响等特点，又坚决出清存在重大违法、丧失持续经营能力等情形的公司。退市分为主动退市与强制退市，强制退市分为交易类、财务类、规范类、重大违法类四类。其中，财务类强制退市考察期为 2 年，指标不交叉适用。

退市后，符合新三板基础层或创新层条件的，公司可退入相应层级继续挂牌交易；存在重大违法情形的，转入退市公司板块。另外，若退市公司符合重新上市条件的，可以申请重新上市。

（五）延续精选层连续竞价交易制度

北交所继续实行 30% 的价格涨跌幅限制，上市首日不设涨跌幅限制，实施临时停牌机制，盘中价格上涨或下跌达 30%、60%时，临时停牌 10 分钟。连续竞价期间，对限价申报设置基准价格±5%的有效报价范围，对市价申报采取限价保护措施。买卖申报的最低数量为 100 股，每笔申报可以 1 股为单位递增。单笔申报数量不低于 10 万股或成交金额不低于 100 万元的，可以进行大宗交易。

（六）实施交易所公司制下的会员管理

北交所会员管理规则明确了以下内容：建立了会员资格与日常管理制度，明确了会员资格取得、灭失的条件和程序，并对会员日常业务管理机制提出要求。明确了会员合规管理与风险控制的要求，重点加强交易风险防控，健全信息隔离制度。强化会员客户管理职责，要求会员对客户与产品进行适当性匹配，引导投资者理性参与证券交易，充分保护投资者合法权益。规范了信息使用和技术系统管理，要求会员有效管理客户使用交易信息行为，不得滥用证券交易信息，保障交易及相关系统的持续稳定运行。加强会员监督管理，明确交易所可对会员进行现场和非现场检查，对违反业务规则的情形采取自律监管措施或纪律处分。

二、发行上市与审核规则

（一）《北京证券交易所股票上市规则》

《北京证券交易所股票上市规则》（简称上市规则）是依据《公司法》《证券法》《证券交易所管理办法》《北京证券交易所上市公司持续监管办法（试行）》等相关法律法规、部门规章制定的。本规则遵循上市公司自律监管的法定要求和一般规律，契合创新型中小企业的特点，并且与北交所试点注册制相衔接，建立从股票上市、上市后持续监管，到退市出清的全链条监管制度。

上市规则包括总则、信息披露一般规定、停牌和复牌、股票上市和交易、定期报告、退市、上市保荐和持续督导、应披露的交易和重大事项、日常监管和违规处理、公司治理和附则等章节。主要有以下制度安排。

1. 明确股票发行上市要求

一是平移新三板精选层进入条件作为上市条件。新三板精选层进入条件经过一年多的实践检验，其包容性、精准度和适应性受到市场各方普遍认可，为实现平稳过渡，北交所上市条件中各类指标及其具体数值，与精选层进入条件有延续。在新三板连续挂牌满 12 个月的创新层挂牌公司，符合预计市值、财务标准等条件，经证监会注册，完成向不特定合格投资者公开发行后，公众股东持股比例等达到相应要求的，可以在北交所上市。

二是建立符合北交所上市公司特点的限售减持安排。北交所上市公司的股份限售和减持安排总体上保持精选层要求不变，控股股东、实际控制人、10%以上股东所持公开发行前股份在上市后仍限售 12 个月。同时，为落实《公司法》规定，吸收上市公司减持规定的制度理念，做以下调整：其一，明确公司董事、监事、高级管理员（简称董监高）所持股份上市后限售 12 个月的法定要求；其二，增加大股东、董监高不得减持情形；其三，细化减持信息预披露要求。

2. 压实保荐机构责任

压实保荐机构责任是注册制改革的重要保障。上市规则明确了保荐机构承担上市保荐及保荐期内持续督导责任的各项具体要求。考虑到北交所上市公司均来源于新三板挂牌公司，已经过主办券商持续督导和市场检验，公司治理和信息披露规范性更有保障，因此公开发行并上市的持续督导期设定为股票上市当年剩余时间及其后 3 个完整会计年度；上市公司发行新股的，为股票上市当年剩余时间及其后 2 个完整会计年度。此外，考虑到北交所上市公司实行严格的准入审核，采用成熟有效的持续监管安排，因此不再实行主办券商“终身”持续督导，进一步凸显上市公司作为信息披露和规范运作第一责任人的法律地位。

3. 明确公司治理规范要求

一是确立治理基本框架。公司治理是实现上市公司规范运作的重要保障和基础。上市规则充分吸收了上市公司治理最佳实践经验与中小企业治理特点，系统、全面地规定股东大会、董事会、监事会和高级管理人员的运作规范，对董事、监事、高级管理人员的履职要求以及股东权利等做出规定，细化和丰富了独立董事发表意见情形，明确投资者关系管理要求，确立了北交所上市公司治理基本框架。

二是重点约束关键主体。对于控股股东、实际控制人、收购人等对公司决策影响大、可能滥用支配或优势地位侵害上市公司和中小股东权益的关键主体，上市规则从严禁资金占用和违规担保、防范不当关联交易和新增同业竞争、严格承诺履行等方面予以重点约束，并明确将资金占用主体范围扩大到控股股东、实际控制人及其关联方，紧盯“关键少数”。

三是体现中小企业特色。上市规则既符合上市公司运行一般规律，又体现中小企业特点。在现金分红、社会责任等方面，充分考虑北交所上市公司的履行能力和发展阶段特点，在明确回报股东和履行社会责任原则性要求的基础上，不对现金分红比例、社会责任履行方式等做强制性规定，鼓励公司“量力而为”；在募集资金管理，特别是临时补充流动资金的期限、额度等方面适度弹性安排，便于公司既规范透明又灵活自主地安排资金使用。

4. 强化信息披露监管

一是进一步丰富信息披露的总体要求。为衔接注册制下以信息披露为核心的监管理念，重点对真实、准确、完整、及时、公平的信息披露原则进行细化解释，便于信息披露义务人准确把握。进一步明确了自愿披露、豁免披露、暂缓披露、行业和风险信息披露等方面的具体要求，提高信息披露质量。上市规则同时还建立了内幕信息知情人管理和报备制度，从机制上严防内幕交易等违法行为。

二是进一步完善交易事项的披露规定。交易事项是临时报告披露的关键内容，借鉴上市公司信息披露监管经验，细化对于各类重大事项及关联交易的具体披露标准和决策程序要求，强化独立董事的监督作用，同时将对子公司的投资、委托理财等交易事项豁免或别除适用，合理把握信息披露监管强度。

三是进一步细化重大事项的披露内容。除与公司经营直接相关的重大事项外，考虑到北交所设立后的综合市场影响，上市规则重点加强了对于股票异常波动和传闻澄清、股份质押和司法冻结等事项的披露要求，同时落实上位法授权规定，明确股权激励和员工持股计划的具体披露安排，明确新三板挂牌期间依法实施的股权激励可在北交所上市后继续实施，限售、行权等安排保持不变。

5. 优化停复牌安排

为保障投资者交易权利，上市规则贯彻“少停、短停、分阶段停”的监管原则，要求上市公司不得滥用停复牌损害投资者的合法权益，不得利用停牌替代信息保密。在具体制度安排上，停牌情形基本沿用新三板现行安排，保持适度灵活，各类情形的停牌时长与上市公司现行制度相一致，其中因筹划重大资产重组或发行股份购买资产的，停牌时间不超过 10 个交易日；筹划控制权变更、要约收购等事项的，停牌时间不超过 5 个交易日；上市公司破产重整的，原则上不超过 5 个交易日。连续停牌时间原则上不得超过 25 个交易日。

6. 建立市场化的退市机制

一是建立多元组合的退市指标。借鉴近期退市制度改革的经验，既充分包容中小企业经营活动天然存在的波动性较大，经营业绩易受外部环境影响的特点，避免市场“大进大出”，也坚决出清重大违法、丧失持续经营能力等极端情形的公司。上市规则明确了主动退市与强制退市安排。其中，强制退市分为交易类、财务类、规范类和重大违法类等四类情形。交易类情形包含股票价格、股东人数、市值等考察指标，考察期均为连续 60 个交易日；财务类情形包含净利润为负值且营业收入低于5 000万元、净资产为负、财务会计报告被出具无法表示意见或否定意见等指标，考察期为 2 年，指标不交叉适用；规范类情形包含未按规定披露定期报告、财务会计报告存在重大会计差错或者虚假记载、信息披露或者规范运作存在重大缺陷等；重大违法类情形包含公共安全重大违法和欺诈发行等。

二是明确退市流程。上市公司出现财务状况异常或者其他异常情况导致其股票存在被强制退市风险的，对股票交易实施退市风险警示。强制退市由北交所上市委员会审议，北交所结合上市委员会审议意见做出决定。公司被强制退市后，符合新三板基本挂牌条件或创新层条件的，可以进入相应层级挂牌交易；不符合新三板挂牌条件，且股东人数超过 200 人的，转入退市公司板块。此外，北交所退市公司符合重新上市条件的，可以申请重新上市。

（二）《北京证券交易所向不特定合格投资者公开发行股票并上市审核规则（试行）》

《北京证券交易所向不特定合格投资者公开发行股票并上市审核规则（试行）》（简称发行上市审核规则）共七章，包括总则、申请与受理、审核内容与方式、审核程序、特殊情形处理、自律管理和附则，主要内容如下：

1. 交易所审核职责

重点对发行人是否符合发行条件、上市条件和信息披露要求进行审核，通过一轮或多轮的审核问询，督促发行人真实、准确、完整地披露信息，督促保荐机构、证券服务机构切实履行信息披露的把关责任，提高信息披露质量，以便投资者在信息充分的情况下做出投资决策。

2. 具体审核程序

设立发行上市审核机构，对发行人的发行上市申请文件进行审核，出具审核报告，提请上市委员会审议。北交所结合上市委员会意见，出具发行人符合发行条件、上市条件和信息披露要求的审核意见或者做出终止发行上市审核的决定。北交所出具同意发行上市的审核意见的，连同发行上市申请文件和相关审核资料报送证监会，履行注册程序。证监会按照规定进行注册，进一步提出反馈意见的，北交所将反馈意见告知发行人及中介机构。

3. 审核时限要求

北交所自受理之日起 2 个月内出具发行人符合发行条件、上市条件和信息披露要求的审核意见或者做出终止发行上市审核的决定，发行人及中介机构回复问询的时间不计算在内，且回复时间总计不超过 3 个月，并就不计算在前述时限内的具体情形进行了规定。此外，上市委员会可以对发行人的发行上市申请暂缓审议，暂缓审议时间不超过 2 个月。

4. 加强自律监管

进一步强化对发行人及中介机构等相关主体的违规责任追究，细化违规情形，对于严重违规情形，北交所可以采取一定期限内不接受发行上市申请文件或信息披露文件、认定为不适当人选等纪律处分，与证监会发行注册相关部门规章中的违规处理相衔接，总体要求与科创板、创业板保持一致。

以下将对在北交所发行上市的审核规则要点进行解读。

（三）上市条件

1. 发行人申请公开发行并上市的市值及财务指标标准

（1）市值+净利润

预计市值不低于 2 亿元，最近两年净利润均不低于1 500万元且加权平均净资产收益率平均不低于 8%，或者最近一年净利润不低于2 500万元且加权平均净资产收益率不低于 8%。

（2）市值+收入+经营活动现金流

预计市值不低于 4 亿元，最近两年营业收入平均不低于 1 亿元，且最近一年营业收入增长率不低于 30%，最近一年经营活动产生的现金流量净额为正。

（3）市值+收入+研发投入

预计市值不低于 8 亿元，最近一年营业收入不低于 2 亿元，最近两年研发投入合计占最近两年营业收入合计比例不低于 8%。

（4）市值+研发投入

预计市值不低于 15 亿元，最近两年研发投入合计不低于5 000万元。

2. 发行人申请公开发行并上市的其他条件

（1）主体条件

发行人为在全国股转系统连续挂牌满 12 个月的创新层挂牌公司。

（2）股权分散度

最近一年期末净资产不低于5 000万元。公开发行的股份不少于 100 万股，发行对象不少于 100 人。公开发行后，公司股本总额不少于3 000万元；公司股东人数不少于 200 人，公众股东持股比例不低于公司股本总额的 25%；公司股本总额超过 4 亿元，公众股东持股比例不低于公司股本总额的 10%。

（3）不存在下列情形

①最近 36 个月内，发行人及其控股股东、实际控制人，存在贪污、贿赂、侵占财产、挪用财产或者破坏社会主义市场经济秩序的刑事犯罪，存在欺诈发行、重大信息披露违法或者其他涉及国家安全、公共安全、生态安全、生产安全、公众健康安全等领域的重大违法行为。

②最近 12 个月内，发行人及其控股股东、实际控制人、董事、监事、高级管理人员受到证监会及其派出机构行政处罚，或因在证券市场违法违规行为受到全国股转公司、证券交易所等自律监管机构公开谴责。

③发行人及其控股股东、实际控制人、董事、监事、高级管理人员因涉嫌犯罪正被司法机关立案侦查或涉嫌违法违规正被证监会及其派出机构

立案调查，尚未有明确结论意见。

④发行人及其控股股东、实际控制人被列入失信被执行人名单且情形尚未消除。

⑤最近36个月内，未按照《证券法》和证监会的相关规定在每个会计年度结束之日起4个月内编制并披露年度报告，或者未在每个会计年度的上半年结束之日起2个月内编制并披露中期报告。

⑥证监会和北交所规定的，对发行人经营稳定性、直接面向市场独立持续经营的能力具有重大不利影响，或者存在发行人利益受到损害等其他情形。

（4）表决权差异安排

发行人具有表决权差异安排的，该安排应当平稳运行至少一个完整会计年度，且相关信息披露和公司治理应当符合证监会及全国股转公司相关规定。

（四）募集资金管理

1. 建立募集资金制度

发行人应当建立募集资金存储、使用、监管和责任追究的内部制度，明确募集资金使用的分级审批权限、决策程序、风险防控措施和信息披露要求。

2. 设置募集资金专户

发行人募集资金应当存放于募集资金专项账户，该账户不得存放非募集资金或作其他用途。

3. 第三方资金监管

发行人应当与保荐机构、存放募集资金的商业银行签订三方监管协议。

4. 资金用途

发行人募集资金应当用于主营业务及相关业务领域。暂时闲置的募集资金可以进行现金管理，投资于安全性高、流动性好、可以保障投资本金安全的理财产品。

闲置的募集资金可暂时用于补充流动资金。暂时补充流动资金仅限于与主营业务相关的生产经营使用，不得通过直接或间接安排用于新股配售、申购，或用于股票及其衍生品种、可转换公司债券等的交易。

除金融类企业外，募集资金不得用于持有交易性金融资产、其他权益工具投资、其他债权投资或借予他人、委托理财等财务性投资，不得直接或间接投资于以买卖有价证券为主营业务的公司，不得用于股票及其衍生品种、可转换公司债券的交易，不得通过质押、委托贷款或其他方式变相改变募集资金用途。

5. 审议程序

发行人使用闲置募集资金投资理财产品的，应当经公司董事会审议通过并披露，独立董事和保荐机构应当发表明确同意意见并披露。

发行人应当按照公开披露的用途使用募集资金；改变募集资金用途的，应当经公司董事会、股东大会审议通过并披露，独立董事和保荐机构应当发表明确同意意见并披露。

闲置募集资金暂时用于补充流动资金的，应当经发行人董事会审议通过并披露，独立董事和保荐机构应当发表明确同意意见并披露。单次补充流动资金最长不得超过 12 个月。

发行人实际募集资金净额超过计划募集资金金额的部分（即超募资金）用于永久补充流动资金和归还银行借款的，应当经公司董事会、股东大会审议通过并披露，独立董事和保荐机构应当发表明确同意意见并披露。发行人应当承诺在补充流动资金后的 12 个月内不进行高风险投资以及为他人提供财务资助并披露。

发行人以自筹资金预先投入公开披露的募集资金用途后，以募集资金置换自筹资金的，应当经公司董事会审议通过并披露，独立董事和保荐机构应当发表明确同意意见并披露。发行人应当及时披露募集资金置换公告以及保荐机构关于发行人前期资金投入具体情况或安排的专项意见。

6. 定期核查

发行人董事会应当每半年对募集资金使用情况进行自查，出具自查报告，并在披露年度报告及中期报告时一并披露。

发行人董事会应当聘请会计师事务所对募集资金存放和使用情况出具鉴证报告，并在发行人披露年度报告时一并披露。

保荐机构每年就上市公司募集资金存放和使用情况至少进行一次现场核查，出具核查报告，并在公司披露年度报告时一并披露。

（五）股份变动管理

1. 股份限售

上市公司控股股东、实际控制人及其亲属，以及上市前直接持有 10% 以上股份的股东或虽未直接持有但可实际支配 10%以上股份表决权的相关主体，持有或控制的本公司向不特定合格投资者公开发行前的股份，自公开发行并上市之日起 12 个月内不得转让或委托他人代为管理。

上市公司董事、监事、高级管理人员持有的本公司股份，按照《公司法》规定，自上市之日起 12 个月内不得转让，在任职期间每年转让的股份不超过其所持本公司股份总数的 25%，离职后 6 个月内不得转让。

发行人高级管理人员、核心员工通过专项资产计划、员工持股计划等参与战略配售取得的股份，自公开发行并上市之日起 12 个月内不得转让或委托他人代为管理。其他投资者参与战略配售取得的股份，自公开发行并上市之日起 6 个月内不得转让或委托他人代为管理。

2. 限制情形

（1）未盈利

公司上市时未盈利的，在实现盈利前，控股股东、实际控制人、董事、监事、高级管理人员自公司股票上市之日起 2 个完整会计年度内，不得减持公开发行并上市前股份；公司实现盈利后，可以自当年年度报告披露后次日起减持公开发行并上市前股份。

（2）重大违法违规

上市公司或其大股东、实际控制人因涉嫌证券期货违法犯罪，在被证监会及其派出机构立案调查或者被司法机关立案侦查期间，以及在行政处罚决定、刑事判决做出之后未满 6 个月的，不得减持其所持有的本公司股份；大股东、实际控制人因违反北交所业务规则，被北交所公开谴责未满

3个月的，不得减持其所持有的本公司股份。

上市公司董事、监事、高级管理人员因涉嫌证券期货违法犯罪，在被证监会及其派出机构立案调查或者被司法机关立案侦查期间，以及在行政处罚决定、刑事判决做出之后未满6个月的，不得减持其所持有的本公司股份；因违反北交所规则，被北交所公开谴责未满3个月的，不得减持其所持有的本公司股份。

（3）强制退市

上市公司可能触及重大违法强制退市情形的，自相关行政处罚事先告知书或者司法裁判做出之日起至公司股票终止上市或重大违法强制退市情形消除前，公司控股股东、实际控制人以及董事、监事、高级管理人员不得减持公司股份。

3. 减持预披露

上市公司大股东、实际控制人、董事、监事、高级管理人员计划通过集中竞价交易减持其所持有本公司股份的，应当及时通知公司。

在首次卖出股份的15个交易日前预先披露减持计划，每次披露的减持时间区间不得超过6个月。

拟在3个月内卖出股份总数超过公司股份总数1%的，还应当在首次卖出的30个交易日前预先披露减持计划。

在减持时间区间内，减持数量过半或减持时间过半时，披露减持进展情况；在股份减持计划实施完毕或者披露的减持时间区间届满后及时公告具体减持情况。

4. 敏感期交易

上市公司控股股东、实际控制人、董事、监事和高级管理人员在下列期间不得买卖本公司股票：

（1）定期报告

公司定期报告公告前30日内，因特殊原因推迟年度报告、中期报告公告日期的，自原预约公告日前30日起算，直至公告日日终。

（2）业绩预告

公司业绩预告、业绩快报公告前10日内。

（3）重大事件

自可能对公司股票交易价格、投资者投资决策产生较大影响的重大事件发生之日或者进入决策程序之日，至依法披露后 2 个交易日内。

（六）上市保荐与持续督导

1. 上市保荐

发行人向北交所申请公开发行并上市、上市公司发行的新股在北交所上市，应当由保荐机构保荐，保荐机构应当为具有保荐业务资格，且取得北交所会员资格的证券公司。

保荐机构应当指定两名保荐代表人具体负责保荐工作。保荐代表人应当为具有保荐代表人资格的自然人。

2. 持续督导

公开发行并上市的，持续督导期间为股票上市当年剩余时间及其后 3 个完整会计年度；上市后发行新股的，持续督导期间为股票上市当年剩余时间及其后 2 个完整会计年度。

保荐机构及其保荐代表人应当持续关注上市公司运作情况，充分了解公司及其业务，通过日常沟通、定期或不定期回访、查阅资料，列席股东大会、董事会、监事会等方式，关注公司日常经营、证券交易和媒体报道等情况，督促公司履行相应信息披露义务。

上市公司出现下列情形之一的，上市公司在披露临时报告前应当告知保荐机构及其保荐代表人。保荐机构及其保荐代表人应当督促上市公司按规定履行信息披露义务，就信息披露是否真实、准确、完整，对公司经营的影响，以及是否存在其他未披露重大风险等内容发表意见，并于上市公司披露公告时予以披露：

①关联交易；

②提供担保；

③变更募集资金用途；

④主要业务停滞或出现可能导致主要业务停滞的重大风险事件；

⑤公司经营业绩异常波动；

⑥控股股东、实际控制人所持股份被司法冻结且可能导致控制权发生变动；

⑦控股股东、实际控制人质押公司股份比例超过所持股份的80%或者被强制处置。

上市公司出现下列情形之一的，保荐机构及其保荐代表人应自知道或应当知道之日起15个交易日内进行专项现场核查：

①未在规定期限内披露年度报告或中期报告；

②控股股东、实际控制人或其他关联方涉嫌违规占用或转移上市公司的资金、资产及其他资源；

③关联交易显失公允或未履行审议程序和信息披露义务；

④违规使用募集资金；

⑤违规为他人提供担保或借款；

⑥上市公司及其董事、监事、高级管理人员、控股股东、实际控制人涉嫌重大违法违规；

⑦存在重大财务造假嫌疑。

保荐机构进行现场核查的，应当就核查情况、提请上市公司及投资者关注的问题、本次现场核查结论等事项出具现场核查报告，并在现场核查结束后15个交易日内披露。

（七）公司治理

上市规则重点从股东大会、董事会、监事会的规范运作，董监高任职要求，控股股东、实际控制人关键主体的责任，差异化表决权安排等方面进行了规定。

1. 股东大会、董事会、监事会的规范运作

上市规则第四章详细规定了股东大会、董事会、监事会（“三会”）的程序规范，包括在会议通知、召集、主持、表决等环节有具体的程序性要求。

在参加会议方面，规定设置会场便于股东参会，同时提供网络投票方式。

对于单一股东及其一致行动人持股 30%以上的，股东大会在董事、监事选举中实行累计投票制。

不能在规定期限内召开股东大会的，应及时向所在证监会派出机构及北交所报告并公告。

上市公司董事会、独立董事、持有 1%以上有表决权股份的股东或者投资者保护机构可以向公司股东征集其在股东大会上的投票权。

股东大会审议影响中小股东利益的重大事项时，应对中小股东的表决情况单独计票并进行披露。

2. 董监高任职要求

董监高不存在负面情形，财务负责人还应当具备会计师以上专业技术职务资格，或者具有会计专业知识背景并从事会计工作 3 年以上。

董监高应当遵守法律法规、北交所的业务规则和公司章程，对公司负有忠实义务和勤勉义务，严格履行公开承诺，不得损害公司利益。

董事长应当保证董事会秘书（简称董秘）知情权，不得以任何方式阻挠其依法行使职权。董事长接到重大事件的报告后，应立即敦促董秘履行信息披露义务。上市公司解聘董秘应当有充分理由，不得无故解聘。

董事连续两次未出席董事会会议，或者任职期内连续 12 个月未亲自出席董事会会议次数超过期间董事会会议总次数的 1/2 的，应当做出书面说明并对外披露；连续两次未能出席，也不委托其他董事出席董事会会议，应建议予以更换。

3. 控股股东、实际控制人关键主体的责任

不得通过任何方式影响公司的独立性。

不得利用控股地位损害上市公司及其他股东合法权益，牟取非法利益；不得干预公司正常决策程序。

不得泄露公司未公开的重大信息，不得利用未公开信息牟取利益，不得进行内幕交易、操纵市场或其他违法违规行为。

不得侵占公司资金。

不得在公司上市后新增公司开展同业竞争。

4. 差异化表决权安排

上市前不具有表决权差异安排的公司，不得在上市后以任何方式设置此类安排。

特别表决权仅适用于公司章程约定的股东大会特定决议事项，另外对特定事项不适用特别表决权：

①修改公司章程中与表决权差异安排相关的内容；

②合并、分立、解散或者变更公司形式；

③选举和更换非由职工代表担任的监事；

④决定非由职工代表担任的董事、监事的报酬事项；

⑤选举或罢免独立董事；

⑥聘请或解聘为上市公司定期报告出具审计意见的会计师事务所；

⑦股票从北交所退市。

可能导致特别表决权比例提高的，公司应当同时采取将相应数量特别表决权股份转换为普通股份等措施，保证特别表决权比例不高于原有水平。另外在特定情况下，特别表决权股份应按照 1∶1 的比例转换为普通股。

上市公司普通表决权比例不低于 10%。

监事会、独立董事应当在年度报告、中期报告中出具专项意见。

上市公司应当在年度报告、中期报告中披露表决权差异安排的运行情况、特别表决权股份的变动情况以及投资者保护措施的落实情况等。

5. 体现中小企业特色

（1）不强制设立专门委员会

董事会可以根据需要设立审计、战略、提名、薪酬与考核等相关专门委员会。专门委员会对董事会负责。

（2）不强制现金分红

上市公司应当根据实际情况在公司章程中明确一定比例的现金分红相对于股票股利在利润分配方式中的优先顺序。

（3）不强制要求独立董事人数

未强制要求独立董事人数达到董事会成员人数的 1/3。

（八）信息披露

在信息披露章节，上市规则细化了信息披露的总体要求，完善了交易事项的规定，细化了重大事项的披露内容。

1. 一般规定

（1）披露时点

上市公司应当在重大事件最先触及下列任一时点后，及时履行首次披露义务：

①董事会或者监事会做出决议时；

②有关各方签署意向书或协议时；

③董事、监事或者高级管理人员知悉或者应当知悉该重大事件发生时。

上市公司筹划的重大事项存在较大不确定性，立即披露可能会损害公司利益或者误导投资者，且有关内幕信息知情人已书面承诺保密的，公司可以暂不披露，但最迟应当在该重大事项形成最终决议、签署最终协议、交易确定能够达成时对外披露。

相关信息确实难以保密、已经泄露或者出现市场传闻，导致公司股票交易价格发生大幅波动的，公司应当立即披露相关筹划和进展情况。

上市公司和相关信息披露义务人确有需要的，可以在非交易时段对外发布重大信息，但应当在下一交易时段开始前披露相关公告，不得以新闻发布或者答记者问等形式替代信息披露。

（2）披露事项

上市公司及相关信息披露义务人可以自愿披露与投资者做出价值判断和投资决策有关的信息。

上市公司拟披露的信息属于商业秘密、商业敏感信息，按照规则披露或者履行相关义务可能引致不当竞争、损害公司及投资者利益或者误导投资者的，可以暂缓或者豁免披露该信息。

上市公司应当充分披露行业经营信息，以及可能对公司核心竞争力、经营活动和未来发展产生重大不利影响的风险因素，便于投资者合理决策。公司尚未盈利的，应当充分披露尚未盈利的成因，以及对公司现金流、业务拓展、人才吸引、团队稳定性、研发投入、战略性投入、生产经营可持续性等方面的影响。

（3）子公司信息管理

上市公司控股子公司发生需要披露的重大事项，视同上市公司的重大事项，应予披露。上市公司参股公司发生重大事项时，可能对上市公司股票交易价格或投资者决策产生较大影响的，上市公司应当进行信息披露。

2. 监管方式

北交所对信息披露文件进行形式审查，可以采用要求说明、公开问询等方式，要求上市公司及相关信息披露义务人、保荐机构和其他证券服务机构等相关主体进行解释、说明、更正和补充，可以根据监管需要调阅、检查工作底稿、证券业务活动记录及相关资料。

3. 责任承担

董事长对信息披露事务管理承担首要责任。

董秘负责组织和协调信息披露管理事务。

公司董事、监事、高级管理人员应当勤勉尽责，关注信息披露文件的编制情况。

上市公司董事长、经理、董事会秘书，应当对公司临时报告的真实性、准确性、完整性、及时性、公平性承担主要责任。

上市公司董事长、经理、财务负责人应当对公司财务会计报告的真实性、准确性、完整性、及时性、公平性承担主要责任。

4. 定期报告

上市公司应当在规定的期限内编制并披露定期报告，在每个会计年度结束之日起 4 个月内编制并披露年度报告，在每个会计年度的上半年结束之日起 2 个月内编制并披露中期报告；在每个会计年度前 3 个月、9 个月结束后的 1 个月内编制并披露季度报告。第一季度报告的披露时间不得早于上一年的年度报告。

公司预计不能在规定期限内披露定期报告的，应当及时向北交所报告，并公告不能按期披露的原因、解决方案及延期披露的最后期限。

5. 业绩预告和业绩快报

上市公司在年度报告披露前，预计上一会计年度净利润发生重大变化的，应当在北交所规定的时间内进行业绩预告；预计半年度和季度净利润发生重大变化的，可以进行业绩预告。业绩预告应当披露净利润的预计值以及重大变化的原因。重大变化的情形包括净利润同比变动超过 50%且大于 500 万元、发生亏损或者由亏损变为盈利。

上市公司预计不能在会计年度结束之日起 2 个月内披露年度报告的，应当在该会计年度结束之日起 2 个月内披露业绩快报。业绩快报中的财务数据包括但不限于营业收入、净利润、总资产、净资产以及净资产收益率。

6. 重大交易

上市公司发生的交易（除提供担保、提供财务资助外）达到下列标准之一的，应当及时披露：

①交易涉及的资产总额占上市公司最近一期经审计总资产的 10%以上；

②交易的成交金额占上市公司市值的 10%以上；

③交易标的（如股权）最近一个会计年度资产净额占上市公司市值的 10%以上；

④交易标的（如股权）最近一个会计年度相关的营业收入占上市公司最近一个会计年度经审计营业收入的 10%以上，且超过1 000万元；

⑤交易产生的利润占上市公司最近一个会计年度经审计净利润的 10%以上，且超过 150 万元；

⑥交易标的（如股权）最近一个会计年度相关的净利润占上市公司最近一个会计年度经审计净利润的 10%以上，且超过 150 万元。

7. 关联交易

关联交易应当具有商业实质、价格公允，不得偏离市场独立第三方的价格，不得利用关联交易进行利益输送或利润调节，不得隐瞒关联关系。

上市公司发生符合以下标准的关联交易（除提供担保外），应当及时披露：

①公司与关联自然人发生的成交金额在 30 万元以上的关联交易；

②与关联法人发生的成交金额占公司最近一期经审计总资产或市值 0.2%以上的交易，且超过 300 万元。

8. 其他重大事项

应予披露的其他重大事项包括股票异常波动和传闻澄清，股份质押和司法冻结，重大诉讼、仲裁等。

（1）股票异常波动和传闻澄清

公司应当于次一交易日开盘前披露异常波动公告。如次一交易日开盘前无法披露，上市公司应当向北交所申请停牌直至披露后复牌。

（2）股份质押和司法冻结

上市公司任一股东所持公司 5%以上的股份被质押、冻结、司法拍卖、托管、设定信托或者被依法限制表决权的，应当及时通知公司并予以披露。

（3）重大诉讼、仲裁

下列案件应予披露：涉案金额超过1 000万元，且占公司最近一期经审计净资产绝对值 10%以上；股东大会、董事会决议被申请撤销或者宣告无效；可能对公司控制权稳定、生产经营或股票交易价格产生较大影响的其他诉讼、仲裁等。

（4）股权激励与员工持股计划

上市公司以限制性股票、股票期权实行股权激励。

激励对象包括单独或合计持有上市公司 5%以上股份的股东或实际控制人及其配偶、父母、子女以及上市公司外籍员工，在上市公司担任董事、高级管理人员、核心技术人员或者核心业务人员，不包括独立董事和监事。

限制性股票授予价格可低于市场参考价的 50%。

上市公司全部在有效期内的股权激励计划所涉及的标的股票总数，累计不得超过公司股本总额的 30%。

上市公司在全国股转系统挂牌期间依法实施的股权激励计划，上市后可以继续实施，限制性股票的限售安排和授予价格、股票期权的行权安排和行权价格等事项按已披露的股权激励计划方案执行。上市公司在全国股转系统挂牌期间依法设立的员工持股计划，上市后可以继续实施，管理方式、持股期限等事宜按照已披露的员工持股计划方案办理。

（九）停牌复牌

停牌应贯彻“少停、短停、分阶段停”的原则，确保市场交易的连续性，保障投资者交易权利。公司不得滥用停复牌机制，不得以停牌代替信息保密义务。停牌期间，至少每 5 个交易日披露一次进展公告。上市公司完成重大事项筹划、停牌期限届满或者终止筹划重大事项的，应当立即申请复牌。

停牌的情形包括：

①筹划重大资产重组或发行股份购买资产；

②筹划控制权变更、要约收购等事项；

③破产重整期间；

④所申请股票转板上市；

⑤发生风险事件等存在重大不确定性，可能严重影响市场秩序、损害投资者合法权益的事项。

⑥未在规定期限内披露定期报告；

⑦上市公司被要约收购。

上市公司无法在停牌期限届满前完成相关事项筹划，但国家有关部门对相关事项的停复牌时间另有要求的，公司可以在充分披露筹划事项进展、继续停牌的原因和预计复牌时间后向北交所申请继续停牌，但连续停牌时间原则上不得超过 25 个交易日。涉及国家重大战略项目、国家军工秘密等事项，对停复牌时间另有要求的从其要求。

（十）退市制度

上市规则构建了多元组合的退市标准，明确科学通畅的退市流程。建立健全上市公司退市制度，通畅市场突出机制，充分包容中小企业经营活动波动性较大、经营业绩易受外部环境影响的特点，避免市场“大进大出”。出清重大违法、丧失持续经营能力的公司。

退市包括强制退市和主动退市。强制退市分为交易类强制退市、财务类强制退市、规范类强制退市和重大违法类强制退市等四类情形。

1. 交易类强制退市

上市公司连续60个交易日出现下列情形之一的，北交所决定终止其股票上市：

①股票每日收盘价均低于每股面值；

②股东人数均少于200人；

③按照上市规则第2.1.3条第一款第四项规定上市的公司，股票交易市值均低于3亿元；

④北交所认定的其他情形。

2. 财务类强制退市

上市公司出现下列情形之一的，北交所对其股票实施退市风险警示：

①最近一个会计年度经审计的净利润为负值且营业收入低于5 000万元，或追溯重述后最近一个会计年度净利润为负值且营业收入低于5 000万元；

②最近一个会计年度经审计的期末净资产为负值，或追溯重述后最近一个会计年度期末净资产为负值；

③最近一个会计年度的财务会计报告被出具无法表示意见或否定意见的审计报告；

④证监会及其派出机构行政处罚决定书表明公司已披露的最近一个会计年度经审计的年度报告存在虚假记载、误导性陈述或者重大遗漏，导致该年度相关财务指标实际已触及第一、第二项情形的；

⑤北交所认定的其他情形。

3. 规范类强制退市

上市公司出现下列情形之一的，北交所对其股票实施退市风险警示：

①未在法定期限内披露年度报告或者中期报告，且在公司股票停牌2个月内仍未披露；

②半数以上董事无法保证公司所披露年度报告或中期报告的真实性、准确性和完整性，且未在法定期限内改正，此后股票停牌2个月内仍未

改正；

③财务会计报告存在重大会计差错或者虚假记载，被证监会及其派出机构责令改正，但公司未在要求期限内改正，且在公司股票停牌 2 个月内仍未改正；

④信息披露或者规范运作等方面存在重大缺陷，被北交所限期改正但公司未在规定期限内改正，且公司在股票停牌 2 个月内仍未改正；

⑤公司股本总额或公众股东持股比例发生变化，导致连续 60 个交易日不再具备上市条件，且公司在股票停牌 1 个月内仍未解决；

⑥公司可能被依法强制解散；

⑦法院依法受理公司重整、和解或破产清算申请；

⑧北交所认定的其他情形。

4. 重大违法类强制退市

重大违法类强制退市，包括下列情形：

①涉及国家安全、公共安全、生态安全、生产安全和公众健康安全等领域的重大违法行为被追究法律责任；

②上市公司公开发行并上市，申请或者披露文件存在虚假记载、误导性陈述或重大遗漏，被行政处罚或者追究刑事责任；

③上市公司发行股份购买资产并构成重组上市，申请或者披露文件存在虚假记载、误导性陈述或者重大遗漏，被行政处罚或者追究刑事责任；

④上市公司披露的年度报告存在虚假记载、误导性陈述或者重大遗漏，导致财务类指标已实际触及退市标准；

⑤北交所认定的其他情形。

5. 主动退市

上市公司出现下列情形之一的，应当向北交所申请终止其股票上市：

①上市公司股东大会决议解散公司；

②上市公司因新设合并或者吸收合并，将不再具有独立主体资格并被注销；

③上市公司因要约回购或要约收购导致公众股东持股比例、股东人数等发生变化不再具备上市条件；

④转板上市；

⑤北交所认定的其他申请终止上市的情形。

上市公司向北交所申请终止股票上市，应当同时符合下列条件：

①终止上市决策程序、信息披露和股票停复牌安排符合北交所业务规则的规定；

②上市公司已在法定期限内披露最近一期年度报告或中期报告，或未在法定期限内披露最近一期年度报告或中期报告，但已在期满后 2 个月内补充披露；

③上市公司应制定合理的异议股东保护措施，对股东权益保护做出安排，已获同意转板上市的除外；

④北交所要求的其他条件。

6. 退市后安排

上市公司股票终止上市后，符合全国股转系统挂牌条件或进入创新层条件的，可以转入相应层级挂牌交易；不符合全国股转系统挂牌条件，且股东人数超过 200 人的，转入全国股转公司代为管理的退市公司板块，其股份转让和信息披露按相关规定办理。

上市公司股票终止上市后，其终止上市情形已消除，符合重新上市条件的可以向北交所申请重新上市。

（十一）监管措施

1. 自律监管措施

监管对象违反业务规则或者其所作出的承诺的，北交所可实施以下自律监管措施：

①口头警示；

②约见谈话；

③要求提交书面承诺；

④出具警示函；

⑤限期改正；

⑥要求公开更正、澄清或说明；

⑦要求公开致歉；

⑧要求限期参加培训或考试；

⑨要求限期召开投资者说明会；

⑩暂停解除上市公司控股股东、实际控制人的股票限售；

⑪建议上市公司更换相关任职人员。

2. 纪律处分

发行人、上市公司、相关信息披露义务人及其相关人员违反业务规则或者其所做出的承诺的，北交所视情节轻重给予以下纪律处分：

①通报批评；

②公开谴责。

另外，针对上市公司控股股东、实际控制人、董事、监事、高级管理人员违反规定的，北交所还可认定其不适合担任上市公司董事、监事、高级管理人员。

针对保荐机构及其保荐代表人、证券服务机构及其相关人员出具的相关文件存在虚假记载、误导性陈述或者重大遗漏，或者存在违反有关规定的，北交所还可限制、暂停其从事相关业务。

（十二）发行上市审核规则

1. 制度理念

北交所上市沿用注册制的精神，发行人申请股票公开发行并上市，向北交所提交发行上市申请文件。北交所对发行上市申请文件进行审核，认为发行人符合发行条件、上市条件和信息披露要求的，将审核意见、发行上市申请文件及相关审核资料报证监会注册。

2. 审核程序

①北交所收到发行上市申请文件后，对申请文件的齐备性进行核对，并在 5 个工作日内做出是否受理的决定。发行上市申请文件齐备的，出具受理通知；发行上市申请文件不齐备的，一次性告知需要补正的事项。补正时限最长不超过 30 个工作日。

②北交所审核机构按照发行上市申请文件受理顺序开始审核，自受理之日起 20 个工作日内，通过审核系统发出首轮审核问询。

③发行人及其保荐机构、证券服务机构应当按照审核问询要求进行必要的补充调查和核查，及时、逐项回复审核问询事项，补充或者修改相应发行上市申请文件，在收到审核问询之日起 20 个工作日内通过审核系统提交回复文件。

④首轮审核问询后，北交所审核机构收到发行人回复后 10 个工作日内可以根据回复情况继续提出审核问询。不需要进一步问询的，出具审核报告并提请上市委员会审议。

⑤上市委员会召开审议会议，对发行上市申请文件和审核机构的审核报告进行审议。

⑥北交所自受理发行上市申请文件之日起 2 个月内形成审核意见，但发行人及其保荐机构、证券服务机构回复审核问询的时间不计算在内。发行人及其保荐机构、证券服务机构回复北交所审核问询的时间总计不超过 3 个月。

⑦北交所审核通过的，向证监会报送发行人符合发行条件、上市条件和信息披露要求的审核意见、相关审核资料和发行人的发行上市申请文件。

⑧证监会在 20 个工作日内对发行人的注册申请做出同意注册或不予注册的决定。

审核与注册流程具体如图 2-1 所示。

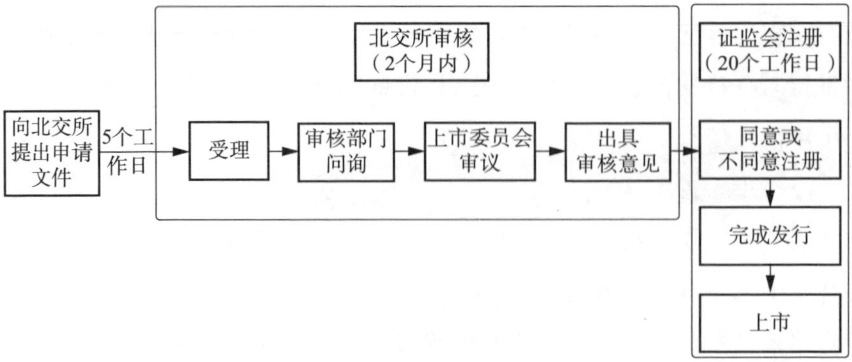

图 2-1 审核与注册流程

三、再融资办法与审核规则

（一）《北京证券交易所上市公司证券发行注册管理办法（试行）》

《北京证券交易所上市公司证券发行注册管理办法（试行）》（简称再融资办法）共六章，包括总则、发行条件、发行程序、信息披露、监督管理与法律责任以及附则。主要内容如下：

1. 明确再融资制度总体要求

对立法依据、适用范围、融资品种、审核注册安排等总体要求予以明确，同时按照注册制要求，进一步厘清、强化各方责任：上市公司为信息披露第一责任人，应当真实、准确、完整地披露信息；保荐人需对申请文件进行全面核查验证并对真实性、准确性、完整性负责；证券服务机构对与其专业职责有关的内容负责。

2. 依法分类设置发行条件

按照《证券法》规定，经国务院同意，从创新型中小企业实际情况出发，与产品风险特征相匹配，分别设定上市公司定向发行股票、公开发行股票以及发行可转债的条件。同时明确禁止保底承诺、规范财务投资等方面的监管要求。

3. 构建清晰明确的发行程序

上市公司再融资应当经董事会、股东大会审议，监事会应当提出书面审核意见。建立北交所审核与证监会注册两环节各有侧重、相互衔接的审核注册程序，明确各环节时限要求，提升审核透明度。明确发行定价、限售要求，其中，公开发行不低于市价发行，可以采取询价、竞价或直接定价的发行方式；定向发行要求不低于市价八折发行，原则上应当通过竞价方式确定发行对象和发行价格，普通投资者限售不少于 6 个月。

4. 强化信息披露要求

上市公司应当按照募集说明书准则等要求编制并披露信息，注重以投资者需求为导向，根据自身特点，有针对性地披露发行相关信息。证监会依法制定相关信息披露规则，并授权北交所提出细化和补充要求。上市公司应当通过临时报告的形式及时披露董事会、股东大会、受理、审核、注册等发行进展情况，同时在提交证监会注册环节以及发行环节按要求披露募集说明书、发行保荐书等相关文件。

5. 强化各方责任追究

多措并举加大违法违规追责力度，切实提高违法成本。加强自律监管，由北交所和证券业协会对再融资过程中相关违法违规行为采取自律管理措施。强化行政监管“硬”约束，证监会可以对上市公司、中介机构以及责任人员，采取较长时间不予受理证券发行相关文件、认定为不适当人选、市场禁入等严厉措施。加大行政、刑事追责力度，相关主体依法应予以行政处罚的，证监会依法予以行政处罚，涉嫌犯罪的，依法移送司法机关追究刑事责任。

（二）《北京证券交易所上市公司向特定对象发行可转换公司债券业务细则》

《北京证券交易所上市公司向特定对象发行可转换公司债券业务细则》（简称可转债细则）共八章，包括总则、发行与挂牌、转让、转股赎回与回售、付息及本息兑付、持续信息披露、监督管理与违规处分以及附则。主要明确了定向可转债发行与挂牌、转让、存续期业务相关监管要求，具体如下：

1. 定向可转债发行

明确北交所定向可转债的发行需具有证券承销和保荐业务资格的证券公司承销与保荐，转股价格应当不低于认购邀请书发出前20个交易日上市公司股票交易均价和前一个交易日的均价。

2. 转让

要求参与可转债转让的投资者应当符合北交所关于股票投资者适当性要求，明确了定向可转债采用全价转让方式并实行当日回转，投资者可采用成交确认委托等方式委托北交所会员买卖可转债。

3. 存续期业务办理

明确可转债转股的，所转股票自可转债发行结束之日起18个月内不得

转让，转股来源包括增发股份和回购股份，同时明确了赎回与回售的实施程序及信息披露要求

（三）《北京证券交易所上市公司向特定对象发行优先股业务细则》

《北京证券交易所上市公司向特定对象发行优先股业务细则》（简称优先股细则）共六章，包括总则、发行与挂牌、转让、信息披露、自律管理及附则。上市公司发行优先股的，其申请、审核、注册、发行等相关程序，参照再融资办法相关规定执行。

（四）《北京证券交易所上市公司证券发行上市审核规则（试行）》

《北京证券交易所上市公司证券发行上市审核规则（试行）》（简称再融资审核规则）共六章，包括总则、审核内容与要求、审核程序、特殊情形处理、自律管理和附则，主要内容如下：

1. 交易所审核职责

北交所通过审核发行上市申请文件，督促上市公司真实、准确、完整地披露信息，保荐机构、证券服务机构切实履行信息披露的把关责任；督促上市公司及其保荐机构、证券服务机构提高信息披露质量，便于投资者在信息充分的情况下做出投资决策。北交所对上市公司证券发行上市的审核，重点关注上市公司是否符合发行条件，中介机构是否就本次证券发行上市申请发表明确意见且具备充分的理由和依据。北交所对信息披露的审核，重点关注上市公司信息披露是否符合证监会和北交所的信息披露要求，发行上市申请文件及信息披露是否达到充分、一致、可理解要求。

2. 具体审核程序

上市公司发行股票的，北交所自受理之日起 2 个月内出具符合发行条件、上市条件和信息披露要求的审核意见或者做出终止发行上市审核的决定。上市公司向不特定合格投资者公开发行股票的，审核机构提出初步审核意见后，提请上市委员会审议；向特定对象发行股票的，简化审核程序，无须提请上市委员会审议。审核过程中的重大事项报告、中止与终止审核、复审等程序参照适用北交所向不特定合格投资者公开发行股票并上

市的相关规定。

3. 审核时限安排

在上市公司证券发行上市一般程序中，北交所在收到申请文件后 5 个工作日内做出是否受理的决定，15 个工作日内发出首轮问询；上市公司及其中介机构在收到问询之日起 20 个工作日内提交回复文件，预计无法回复的，可以延期 20 个工作日，问询回复总时间不超过 2 个月。在保障审核效率、明确审核预期的同时，提高问询和回复质量。

4. 平移新三板特色制度

对于符合再融资办法相关条件的自办发行，简化申请材料和申报安排；对于符合条件的授权发行，设置了快速、便捷的简易审核要求，以支持创新型中小企业融资发展。

5. 加强自律监管

在落实注册制以信息披露为核心的审核理念、提高审核效率的同时，强化违规行为的责任追究。规定严重违规行为一定期限内不接受相关主体提交的发行上市申请文件的冷静期安排。此外，考虑到自办发行、简易程序在审核过程中一定程度上简化了监管要求，为防范上市公司监管套利或规避监管，规则明确了两类发行从严事后监管，发现违法违规的，从重处罚，确保监管的平衡。

以下将对上述规则要点进行解读。

（五）发行条件

1. 定向发行

上市公司向特定对象发行股票，应当符合下列规定：

①具备健全且运行良好的组织机构。

②具有独立、稳定经营能力，不存在对持续经营有重大不利影响的情形。

③最近一年财务会计报告无虚假记载，未被出具否定意见或无法表示意见的审计报告；最近一年财务会计报告被出具保留意见的审计报告，保留意见所涉及事项对上市公司的重大不利影响已经消除。

④合法规范经营，依法履行信息披露义务。

上市公司及其控股股东、实际控制人、主要股东不得向发行对象做出保底保收益或者变相保底保收益承诺，也不得直接或者通过利益相关方向发行对象提供财务资助或者其他补偿。且不得存在下列禁止性事项：

①上市公司或其控股股东、实际控制人最近三年内存在贪污、贿赂、侵占财产、挪用财产或者破坏社会主义市场经济秩序的刑事犯罪，存在欺诈发行、重大信息披露违法或者其他涉及国家安全、公共安全、生态安全、生产安全、公众健康安全等领域的重大违法行为。

②上市公司或其控股股东、实际控制人，现任董事、监事、高级管理人员最近一年内受到证监会行政处罚、北交所公开谴责；或正被证监会立案调查，尚未有明确结论意见。

③擅自改变募集资金用途，未做纠正或者未经股东大会认可。

④上市公司或其控股股东、实际控制人被列入失信被执行人名单且情形尚未消除。

⑤上市公司利益严重受损的其他情形。

2. 公开发行

上市公司向不特定合格投资者公开发行股票的，还应当符合《北京证券交易所向不特定合格投资者公开发行股票注册管理办法（试行）》规定的其他条件。

（六）可转债

1. 认购价格

向特定对象发行可转债的转股价格应当不低于认购邀请书发出前20个交易日上市公司股票交易均价和前一个交易日的均价，且不得向下修正，发行可转债购买资产的除外。

2. 程序要求

上市公司董事会审议向特定对象发行可转债有关事项时，应当不存在尚未完成的股票发行、可转债发行、收购、股份回购事宜。

上市公司股东大会就可转债发行做出的决议，至少应当包括下列事项：

①本次发行证券的种类和数量（数量上限）；

②发行方式、发行对象或范围、现有股东的优先认购安排（如有）；

③定价方式或者价格区间；

④债券利率；

⑤债券期限；

⑥赎回条款；

⑦回售条款；

⑧还本付息的期限和方式；

⑨转股期；

⑩转股价格的确定和修正；

⑪限售情况；

⑫募集资金用途；

⑬对董事会办理本次可转债发行具体事宜的授权；

⑭决议的有效期；

⑮其他必须明确的事项。

3. 转让

可转债以 100 元面值为 1 张，申报价格最小变动单位为 0.001 元。可转债的转让申报数量应为 10 张或其整数倍，且单笔转让数量不低于1 000张或者转让金额不低于 10 万元。卖出时余额不足1 000张且转让金额低于 10 万元的，应当一次性申报卖出。

可转债采用全价转让方式并实行当日回转。

投资者可以采用定价委托、成交确认委托方式委托北交所会员买卖可转债。

每个交易日的 9：30~11：30、13：00~15：00 为可转债转让的成交确认时间。

4. 转股

上市公司应当按照约定向可转债持有人换发股票，可转债持有人对转换股票或者不转换股票有选择权。

向特定对象发行可转债转股的，所转股票自可转债发行结束之日起 18 个月内不得转让。

5. 赎回

可转债募集说明书可以约定赎回条款。在赎回条件满足时，上市公司可以按照约定的条件和价格行使赎回权，也可以不行使赎回权。行使赎回权的，可以赎回全部或部分未转股的可转债。

6. 回售

可转债募集说明书可以约定回售条款。回售条件满足时，债券持有人可以按照约定的条件和价格行使回售权，也可以不行使回售权。行使回售权的，可以回售全部或部分未转股的可转债。

上市公司改变公告的募集资金用途或者股票终止上市的，应当在股东大会审议通过相关决议后 20 个交易日内，赋予债券持有人 1 次回售的权利。

7. 信息披露

投资者持有上市公司已发行的可转债达到发行总量的 20%时，应当在事实发生之日起两个交易日内通知公司予以公告。持有上市公司已发行的可转债 20%及以上的投资者，其所持公司已发行的可转债比例每增加或减少 10%时，应当按照前款规定履行通知公告义务。

（七）优先股

优先股是依照《公司法》，在一般规定的普通种类股份之外，另行规定的其他种类股份，其股份持有人优先于普通股股东分配公司利润和剩余财产，但参与公司决策管理等权利受到限制。

1. 程序性事项

上市公司申请向特定对象发行优先股，应当聘请具有证券承销和保荐业务资格的证券公司承销与保荐。上市公司董事会提前确定全部发行对象的，无需由证券公司承销。

上市公司应当按照《优先股试点管理办法》的规定召开董事会、股东大会，履行表决权回避制度，对向特定对象发行优先股的相关事项做出决议，并修改公司章程，明确优先股股东参与利润和剩余财产分配、优先股股东的表决权限制与恢复、优先股的回购等事项。

2. 发行价格

优先股发行价格和票面股息率应当公允、合理，不得损害股东或其他利益相关方的合法利益，发行价格不得低于优先股票面金额。

向特定对象发行优先股的票面股息率不得高于最近 2 个会计年度的年均加权平均净资产收益率。

3. 转让

优先股申报价格最小变动单位为 0. 01 元人民币。买卖优先股的申报数量应当为1 000股或其整数倍；卖出优先股时，余额不足1 000股部分，应当一次性申报卖出。

每个交易日的 9：30~11：30、13：00~15：00 为北交所优先股转让的成交确认时间。

4. 分次发行

上市公司向特定对象发行优先股，可以申请一次注册，分次发行，不同次发行的优先股除票面股息率条款外，其他条款应当相同。自证监会同意注册之日起，公司应当在 6 个月内实施首次发行，剩余数量应当在 24 个月内发行完毕。首次发行数量应当不少于总发行数量的 50%，剩余各次发行的数量由公司自行确定。

5. 信息披露

投资者持有上市公司已发行的优先股达到该公司优先股股本总额的 20%时，应当在该事实发生之日起 2 个交易日内向北交所报告，并予以公告。

持有上市公司已发行的优先股占该公司优先股股本总额 20%以上的投资者，其所持上市公司已发行的优先股比例每增加或者减少 10%时，应当在该事实发生之日起 2 个交易日内依照前款规定履行报告和公告义务。

（八）注册流程

1. 一般程序

上市公司申请发行证券，由保荐人保荐并向北交所申报。北交所收到注册申请文件后，应当在 5 个工作日内做出是否受理的决定。

北交所发行上市审核机构自受理之日起 15 个工作日内，通过审核系统发出首轮审核问询。

北交所应当自受理注册申请文件之日起 2 个月内形成审核意见。

证监会在 15 个工作日内对上市公司的注册申请做出同意注册或不予注册的决定。

审核与注册流程见图 2-2。

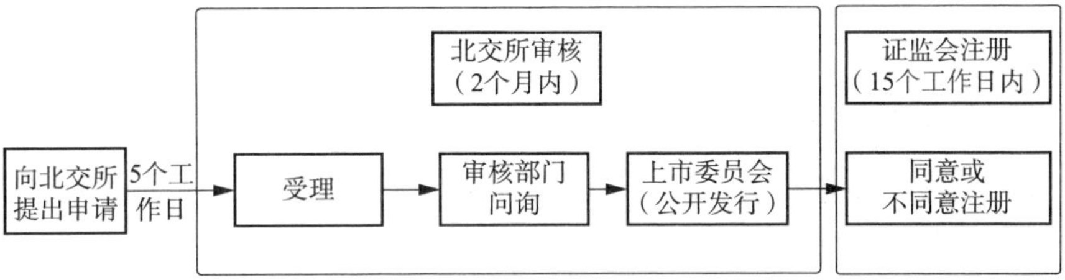

图 2-2　审核与注册流程

2. 简易程序（授权发行）

上市公司适用简易程序发行股票的，应当经年度股东大会授权的董事会审议，以竞价方式确定发行价格和发行对象，并与发行对象签订认购合同，经董事会对发行事项做出决议。

上市公司采用简易程序（授权发行）方式向特定对象发行股票且按照竞价方式确定发行价格和发行对象的，北交所应当在 2 个工作日内做出是否受理的决定，并自受理注册申请文件之日起 3 个工作日内形成审核意见。

3. 自办发行

上市公司向前 10 名股东、实际控制人、董事、监事、高级管理人员及核心员工定向发行股票，连续 12 个月内发行的股份未超过公司总股本 10%且融资总额不超过2 000万元的，无须提供证券公司出具的保荐文件以及律师事务所出具的法律意见书。由董事会决议明确发行对象、发行价格和发行数量。

4. 其他规定

上市公司向特定对象发行股票的，发行价格应当不低于定价基准日前

20 个交易日公司股票均价的 80%。

上市公司申请向特定对象发行股票，可申请一次注册，分期发行。自证监会予以注册之日起，公司应当在 3 个月内首期发行，剩余数量应当在 12 个月内发行完毕。首期发行数量应当不少于总发行数量的 50%，剩余各期发行的数量由公司自行确定，每期发行后 5 个工作日内将发行情况报北交所备案。

四、重大资产重组与审核规则

相关法规包括《上市公司重大资产重组管理办法》《北京证券交易所上市公司持续监管办法（试行）》与《北京证券交易所上市公司重大资产重组审核规则（试行）》。后两者是本次新拟定的法规。

（一）《北京证券交易所上市公司持续监管办法（试行）》

《北京证券交易所上市公司持续监管办法（试行）》（简称持续监管办法）第六章对重大资产重组进行了规定，包括标的资产的行业要求，明确发行股份购买资产的审核注册程序和底价确定依据，并结合中小企业的特点，调整重大资产重组的认定标准。

（二）《北京证券交易所上市公司重大资产重组审核规则（试行）》

《北京证券交易所上市公司重大资产重组审核规则（试行）》（简称重组审核规则）共八章，包括总则、重组标准与条件、重组信息披露要求、重组审核内容与方式、重组审核程序、持续督导、自律管理和附则，主要内容如下：

1. 审核方式与关注重点

重组审核规则规定，北交所对上市公司重组申请文件进行审核，通过一轮或多轮的审核问询，督促上市公司真实、准确、完整地披露信息，督促独立财务顾问、证券服务机构切实履行信息披露的把关责任。此外还细化了重组信息披露重点内容，在重组审核中重点关注本次交易的合法合规性、交易的必要性、定价的公允性、业绩承诺是否切实可行，以及本次交易是否有利于增强公司持续经营能力。

2. 设立并购重组委

重组审核规则规定，北交所设立并购重组委，对审核机构出具的审核报告及上市公司申请文件进行审议，以加强风险把控。北交所结合并购重组委审议意见，出具同意发行股份购买资产或者重组上市的审核意见，或者做出终止审核的决定；对上市公司不涉及股份发行的重组上市申请，北交所结合并购重组委审议意见，做出同意重组上市或者终止审核的决定。

3. 重大资产重组认定标准

结合中小企业生产经营特点，进一步明确“日常经营行为”的具体内涵，将能够充分说明合理性和必要性的现金购买土地、厂房、机械设备等行为视为日常经营行为，不纳入重组管理。

4. 审核时限要求

北交所上市公司申请发行股份购买资产的，北交所自受理之日起 2 个月内出具同意发行股份购买资产的审核意见或者做出终止审核的决定；申请重组上市，不涉及股份发行的，北交所自受理之日起 3 个月内做出同意重组上市的决定或者终止审核的决定；涉及股份发行的，北交所审核和证监会注册的时间总计不超过 3 个月。北交所上市公司申请发行股份购买资产的，回复问询的时间总计不得超过 1 个月；申请重组上市的，回复问询的时间总计不得超过 3 个月。延期不得超过 1 个月。

5. 压实中介机构职责

重组审核规则细化独立财务顾问在持续督导环节的履职要求，强调对于标的资产存在重大财务造假嫌疑、上市公司可能无法有效控制标的资产、标的资产可能存在未披露担保、非经营性资金占用或重大未披露质押等情形，独立财务顾问应当对北交所上市公司或标的资产进行现场核查，出具核查报告并披露。对于上市公司实施重组上市的，独立财务顾问应当遵守《北京证券交易所股票上市规则（试行）》（征求意见稿）关于股票公开发行并在北交所上市持续督导的规定，以及《上市公司并购重组财务顾问业务管理办法》等规定的持续督导职责。

6. 重组标准与条件

（1）现金重组

上市公司及其控股或者控制的公司购买、出售资产，达到下列标准之一的，构成重大资产重组：

①购买、出售的资产总额占上市公司最近一个会计年度经审计的合并财务会计报告期末资产总额的比例达到50%以上；

②购买、出售的资产在最近一个会计年度所产生的营业收入占上市公司同期经审计的合并财务会计报告营业收入的比例达到50%以上，且超过5 000万元人民币；

③购买、出售的资产净额占上市公司最近一个会计年度经审计的合并财务会计报告期末净资产额的比例达到50%以上，且超过5 000万元人民币。

上市公司使用现金购买与主营业务和生产经营相关的土地、厂房、机械设备等，充分说明合理性和必要性的，可以视为日常经营行为，不纳入重大资产重组管理。

（2）发行股份购买资产

上市公司发行股份购买资产，应当符合下列规定：

①本次交易有利于提高上市公司资产质量、改善财务状况和增强持续盈利能力，有利于上市公司减少关联交易、避免同业竞争、增强独立性。

②上市公司最近一年及一期财务会计报告被注册会计师出具无保留意见审计报告。

③上市公司及其现任董事、高级管理人员不存在因涉嫌犯罪正被司法机关立案侦查或涉嫌违法违规正被证监会立案调查的情形。

④上市公司发行股份所购买的资产为权属清晰的经营性资产，并能在约定期限内办理完毕权属转移手续。

上市公司发行股份的价格不得低于市场参考价的80%。市场参考价为本次发行股份购买资产的董事会决议公告日前20个交易日、60个交易日或者120个交易日的公司股票交易均价之一。

特定对象以资产认购而取得的上市公司股份，自股份发行结束之日起

12 个月内不得转让；特定对象为上市公司控股股东、实际控制人或者其控制的关联人的，36 个月内不得转让。

（3）重组上市

上市公司实施重组上市的，标的资产对应的经营实体应当是符合发行条件的股份有限公司或者有限责任公司，不存在上市规则规定的不得申请公开发行并上市的情形，并符合下列条件之一：

①最近两年净利润均不低于1 500万元且加权平均净资产收益率平均不低于 8%，或者最近一年净利润不低于2 500万元且加权平均净资产收益率不低于 8%。

②最近两年营业收入平均不低于 1 亿元，且最近一年营业收入增长率不低于 30%，最近一年经营活动产生的现金流量净额为正。

7. 注册流程

①上市公司实施发行股份购买资产或者重组上市的，应当聘请独立财务顾问，并委托独立财务顾问在股东大会做出重大资产重组决议后 3 个工作日内，向北交所报送申请文件。

②北交所收到申请文件后，对申请文件的齐备性进行核对，并在 5 个工作日内做出是否受理的决定。

③上市公司申请发行股份购买资产的，北交所重组审核机构自受理申请文件之日起 10 个工作日内，发出首轮审核问询。

上市公司申请重组上市的，北交所重组审核机构自受理申请文件之日起 20 个工作日内，发出首轮审核问询。

④上市公司申请发行股份购买资产的，北交所自受理申请文件之日起 2 个月内出具同意发行股份购买资产的审核意见或者做出终止审核的决定。

上市公司申请重组上市，不涉及股份发行的，北交所自受理申请文件之日起 3 个月内做出同意重组上市的决定或者终止审核的决定；涉及股份发行的，北交所自受理申请文件之日起，在规定的时限内出具同意重组上市的审核意见或者做出终止审核的决定，北交所审核和证监会注册的时间总计不超过 3 个月。

⑤北交所审核通过的，向证监会报送同意发行股份购买资产或者重组上市的审核意见、相关审核资料及上市公司申请文件。证监会出具同意注册或不予注册的决定。

发行股份购买资产审核与注册流程见图 2-3，重组上市审核与注册流程见图 2-4。

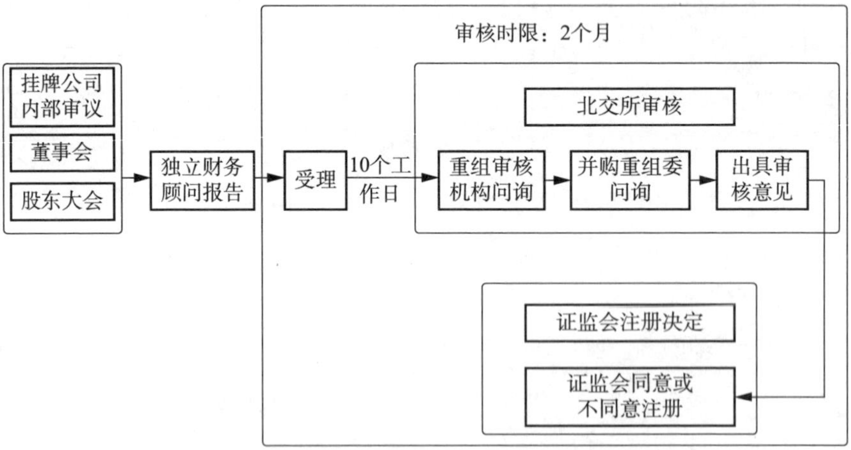

图 2-3　发行股份购买资产审核与注册流程

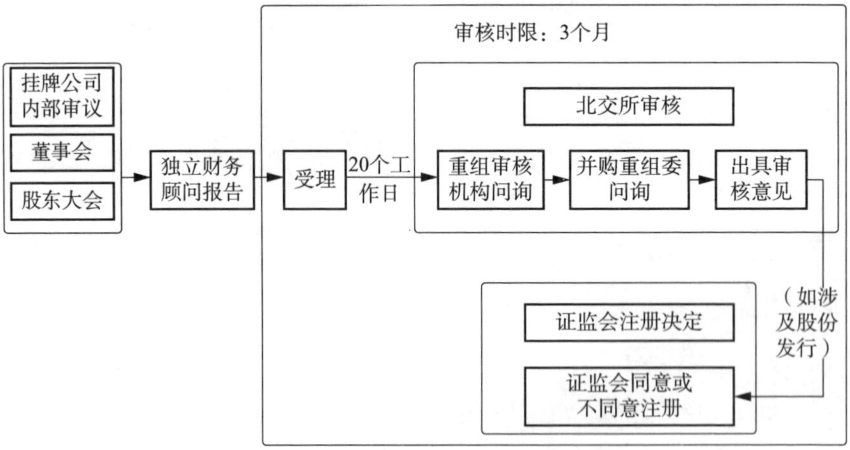

图 2-4　重组上市审核与注册流程

五、发行承销制度

《北京证券交易所证券发行与承销管理细则》（简称发行承销细则）共六章，包括：总则、定价与配售、证券承销、信息披露、监管措施和违规处分、附则。发行承销细则扩大了承销制度的适用范围，对余股配售规则进行调整。发行承销制度是本次设立北交所并试点注册制基础制度的重要组成部分。

（一）定价机制多元化

公开发行股票允许发行人与主承销商根据发行人基本情况和市场环境等，自主选择直接定价、竞价或询价等方式确定发行价格，提高发行效率，实现市场化定价。

（二）申购方式日趋多样化

北交所设立初期，公开发行并上市网上申购仍采用全额资金缴付机制，后期根据制度运行情况和市场需求择机选用保证金申购、市值申购或其他申购方式，促进公开发行顺利实施，维护市场平稳运行。

（三）优化余股配售

网上申购按比例配售，不足 100 股的余股按照“申购数量优先、数量相同的时间优先”原则依次配售 100 股。网上投资者有效申购总量大于网上发行数量时，根据网上发行数量和有效申购总量的比例计算各投资者获得配售股票的数量。其中不足 100 股的部分，汇总后按“申购数量优先、数量相同的时间优先”原则向每个投资者依次配售 100 股，直至无剩余股票。

（四）丰富战略配售范围

公开发行并上市允许发行人引入战略投资者，发挥价值引导效应，提高发行效率。允许高管和核心员工通过资产管理计划、员工持股计划等参与战略配售。

（五）允许设置超额配售选择权

股票公开发行坚持市场化定价，允许主承销商与发行人自主协商确定采用超额配售选择权稳定后市价格，有利于价格稳定。采用超额配售选择权发行股票数量不得超过公开发行股票数量的 15%。

（六）主体制度安排

1. 定价

公开发行可以通过发行人和主承销商自主协商直接定价、合格投资者网上竞价或网下询价等方式确定发行价格。发行人和主承销商应当在发行方案中说明本次发行采用的定价方式，并在招股文件和发行公告中披露。

2. 余股配售

网上投资者有效申购总量大于网上发行数量时，根据网上发行数量和有效申购总量的比例计算各投资者获得配售股票的数量。其中不足 100 股的部分，汇总后按“申购数量优先、数量相同的时间优先”原则向每个投资者依次配售 100 股，直至无剩余股票。

3. 配售比例限制

上市公司发行股票的，拟发行数量不得超过本次发行前股本总额的 30%；上市公司向原股东配售股份的，拟配售股份数量不得超过本次配售前股本总额的 50%。

4. 战略配售

公开发行并上市的，可以向战略投资者配售股票，战略投资者不得超过 10 名。公开发行股票数量在5 000万股以上的，战略投资者获得配售的股票总量原则上不得超过本次公开发行股票数量的 30%，超过的应当在发行方案中充分说明理由。公开发行股票数量不足5 000万股的，战略投资者获得配售的股票总量不得超过本次公开发行股票数量的 20%。

战略投资者本次获得配售的股票持有期限应当不少于 6 个月，持有期自本次发行的股票在北交所上市之日起计算。

经发行人董事会审议通过，发行人高级管理人员与核心员工可以通过专项资产管理计划、员工持股计划等参与战略配售，获配的股票数量不得超过本次公开发行股票数量的 10%，且股票持有期限不得少于 12 个月。

5. 超额配售选择权

股票公开发行的，发行人和主承销商可以采用超额配售选择权。采用超额配售选择权发行股票数量不得超过本次公开发行股票数量的 15%。

六、交易规则与会员规则

（一）《北京证券交易所交易规则（试行）》

《北京证券交易所交易规则（试行）》（简称交易规则）共十章，包括：总则、交易市场、证券交易、其他交易事项、交易信息、交易行为监督、交易异常情况处理、交易纠纷、交易费用、附则。按照平移设立北交所的指导思想，北交所的交易方式、涨跌幅限制、申报规则、价格稳定机制等核心内容均与精选层保持不变，具体如下：

1. 交易方式

北交所股票可以采取竞价交易、大宗交易、协议转让等交易方式。其中，竞价交易和大宗交易的相关规定在交易规则中予以明确；协议转让的具体要求由北交所另行规定。考虑到市场流动性以及公募基金等机构投资者的交易需要，为今后引入混合交易和盘后固定价格交易预留制度空间。

2. 涨跌幅限制及申报有效价格范围

考虑到中小企业股票估值特点，为了有效促进价格发现，北交所竞价交易涨跌幅限制比例为前收盘价的±30%，上市首日不设涨跌幅限制。此外，为促进盘中价格收敛，增强价格连续性，连续竞价阶段设置基准价格±5%（或 10 个最小价格变动单位）的申报有效价格范围。

3. 竞价交易的申报规则

北交所竞价交易单笔申报应不低于 100 股，每笔申报可以 1 股为单位递增，卖出股票时余额不足 100 股的部分应当一次性申报卖出。竞价交易申报类型为限价申报和市价申报，市价申报包括本方最优申报、对手方最优申报、最优 5 档即时成交剩余撤销申报以及最优 5 档即时成交剩余转限价申报。市价申报仅适用于有价格涨跌幅限制的股票连续竞价期间，同时对市价申报实施限价保护措施。

4. 竞价交易的临时停牌机制

北交所上市首日不设涨跌幅限制，为了减少投资者的非理性交易，针对不设涨跌幅限制的股票实施临时停牌机制，当股票盘中成交价格较开盘价首次上涨或下跌达到30%、60%时，实施临时停牌，每次停牌10分钟，复牌时采取集合竞价，复牌后继续当日交易。

5. 大宗交易规则

大宗交易为协议交易，需满足单笔申报数量不低于10万股，或交易金额不低于100万元的要求。申报时间为每个交易日的9：15～11：30、13：00～15：30，成交确认时间为15：00～15：30。大宗交易的成交价格范围与其价格涨跌幅限制保持一致。

6. 交易监管要求

规定股票交易的重点监控范围和异常交易行为类型，以及对违规主体采取的自律监管措施和纪律处分。明确股票异常波动认定标准，最近3个有成交的交易日以内收盘价涨跌幅偏离值累计达到±40%的属于异常波动，北交所进行交易信息公开。

（二）《北京证券交易所会员管理规则（试行）》

《北京证券交易所会员管理规则（试行）》（简称会员管理规则），共九章，包括总则、会员资格管理、业务管理、客户管理、证券交易信息管理、交易及相关系统管理、纠纷解决、监督管理及附则。主要有以下制度安排：

1. 建立会员资格与日常管理制度

一是会员资格的取得。证券公司取得经营证券期货业务许可证并符合其他规定条件的，经北交所同意并履行相关程序后，取得北交所会员资格，享有参与北交所各项业务的权利。二是日常业务管理。会员应通过会员代表和会员业务联络人与北交所沟通联络、协调业务，通过开设交易单元参与交易。三是会员资格的灭失。会员因不符合规定条件申请终止会员资格或被北交所取消会员资格的，北交所注销其会员资格。

2. 明确会员合规管理与风险控制要求

会员应当切实履行客户管理职责，按照“事前认识客户、事中监控交易、事后报告异常”的要求，建立完善的客户交易行为管理制度；履行投资者适当性管理义务，建立客户分类与产品分级的管理机制，对客户与产品进行适当性匹配；履行投资者教育工作职责，引导投资者理性参与证券交易，充分保护投资者合法权益。

3. 规范信息使用和技术系统管理

一是规范证券交易信息使用。实行证券交易信息许可使用制度，明确交易信息的权利归属和传输渠道，强化会员交易信息公布义务，要求会员有效管理客户使用交易信息行为，不得滥用证券交易信息。二是规范会员技术系统管理。要求会员交易及相关系统的性能、容量及扩展能力应当与其业务发展及市场需求相适应，并做好系统日常运行维护、备份管理、数据管理、应急管理、外部接入及程序化交易管理等工作，保障交易及相关系统的持续稳定运行。

4. 加强会员监督管理

会员应当及时履行报告、公告义务，积极配合交易所监管。交易所可根据监管需要对会员进行现场和非现场检查。会员违反业务规则的，交易所视情节轻重可采取自律监管措施或纪律处分。

（三）交易制度

1. 申报时间、数量

申报的时间为每个交易日 9：15~9：25、9：30~11：30、13：00~15：00。每个交易日 9：20~9：25 为开盘集合竞价阶段、14：57~15：00 为收盘集合竞价阶段，北交所交易主机不接受撤销申报；在其他接受申报的时间内，未成交申报可以撤销。

通过竞价交易买卖股票的，单笔申报数量应当不低于 100 股。卖出股票时，余额不足 100 股的部分应当一次性申报卖出。股票竞价交易单笔申报最大数量应当不超过 100 万股。

2. 价格稳定机制

北交所对股票交易实行价格涨跌幅限制，涨跌幅限制比例为 30%；股票上市交易首日股票交易无价格涨跌幅限制。有价格涨跌幅限制和无价格涨跌幅限制的股票，在连续竞价阶段的限价申报应当符合下列要求：

①买入申报价格不高于买入基准价格的105%或买入基准价格以上10个最小价格变动单位（以孰高为准）；

②卖出申报价格不低于卖出基准价格的95%或卖出基准价格以下10个最小价格变动单位（以孰低为准）。

3. 临时停牌

无价格涨跌幅限制的股票竞价交易出现下列情形之一的，北交所可以对其实施盘中临时停牌：

①盘中交易价格较当日开盘价首次上涨或下跌达到或超过30%的；

②盘中交易价格较当日开盘价首次上涨或下跌达到或超过60%的。

单次临时停牌的持续时间为10分钟，股票停牌时间跨越14：57的，于14：57复牌并对已接受的申报进行复牌集合竞价，再进行收盘集合竞价。

4. 市价订单

北交所接受下列类型的市价申报：

①对手方最优价格申报，即该申报以其进入交易主机时，对手方最优价格为其申报价格；对手方无申报的，申报自动撤销。

②本方最优价格申报，即该申报以其进入交易主机时，本方最优价格为其申报价格；本方无申报的，申报自动撤销。

③最优5档即时成交剩余撤销申报，即该申报在对手方最优5个价位内以对手方价格为成交价依次成交，剩余未成交部分自动撤销。

④最优5档即时成交剩余转限价申报，即该申报在对手方最优5个价位内以对手方价格为成交价依次成交，剩余未成交部分按本方申报最新成交价转为限价申报；如该申报无成交的，按本方最优价格转为限价申报；如无本方申报的，该申报撤销。

5. 大宗交易

股票交易单笔申报数量不低于10万股，或者交易金额不低于100万元人民币的，可以采用大宗交易方式。

认定申报的时间为每个交易日的 9：15~11：30、13：00~15：30。成交确认时间为 15：00~15：30。

无价格涨跌幅限制的股票，大宗交易的成交价格应当不高于前收盘价的 130%或当日已成交的最高价格中的较高者，且不低于前收盘价的 70%或当日已成交的最低价格中的较低者。

大宗交易不纳入即时行情和指数的计算，成交量在大宗交易结束后计入当日该证券成交总量。

（四）投资者适当性制度

个人投资者参与北交所市场股票交易，应当符合下列条件：

①申请权限开通前 20 个交易日证券账户和资金账户内的资产日均不低于人民币 50 万元（不包括该投资者通过融资融券融入的资金和证券）；

②参与证券交易 24 个月以上。

机构投资者不设门槛。

（五）会员制度

成为会员的条件：

①取得经营证券期货业务许可证，经营证券经纪、证券承销与保荐业务或证监会认可的其他证券业务；

②依法取得登记机关颁发的企业法人营业执照；

③具有良好的信誉和经营业绩；

④组织机构和业务人员符合证监会和北交所规定的条件；

⑤具有完善的风险管理与内部控制制度；

⑥具有合格的经营场所、业务设施和技术系统；

⑦遵守北交所业务规则，按规定交纳相关费用；

⑧证监会及北交所规定的其他条件。

证券经营机构申请文件齐备的，北交所予以受理，并自受理之日起 10 个交易日内做出是否同意其成为会员的决定。

会员开展北交所证券交易及相关业务，应当遵守法律、行政法规、部门规章、规范性文件和业务规则，诚实守信，规范运作，接受北交所自律管理。

会员开展北交所证券交易及相关业务，应当对自身及客户交易行为进行管理，防范违规交易行为和交易异常风险，维护证券市场秩序。

七、其他规则

（一）转板制度

《关于北京证券交易所上市公司转板的指导意见》（简称指导意见），相比之前的《关于全国中小企业股份转让系统挂牌公司转板上市的指导意见》共修订了15处，主要包括以下5个方面：

①调整制定依据。删除《国务院关于全国中小企业股份转让系统有关问题的决定》（国发〔2013〕49号文）。

②名称修订。将其中“全国股转公司”“精选层公司”修改为“北交所”“北交所上市公司”，将“转板上市”改为“转板”。

③明确上市时间计算。北交所上市公司申请转板，应当已在北交所上市满一年，其在精选层挂牌时间和北交所上市时间可合并计算。

④股份限售安排。明确北交所上市公司转板后的股份限售期，原则上可以扣除在精选层和北交所已经限售的时间。

⑤对相关条文的内容作了适应性调整。

（二）上市保荐业务

《北京证券交易所证券发行上市保荐业务管理细则》共六章，包括总则、发行上市保荐工作、持续督导工作、工作规程、监管措施和违规处分及附则。其中保荐机构的责任重心将在持续督导方面，具体包括：

1. 持续督导期

向不特定合格投资者公开发行股票并在北交所上市的，保荐机构持续督导期间为向不特定合格投资者公开发行股票上市当年剩余时间及其后3个完整会计年度；北交所上市公司发行新股、可转换公司债券的，持续督导的期间为证券上市当年剩余时间及其后2个完整会计年度。

保荐持续督导期届满，上市公司募集资金尚未使用完毕的，保荐机构应继续履行募集资金相关的持续督导职责，如有其他尚未完结的保荐工作，保荐机构应当继续完成。

保荐机构持续督导期间，上市公司出现下列情形之一的，北交所可以视情况要求保荐机构延长持续督导时间：

①上市公司在规范运作、公司治理、内部控制等方面存在重大缺陷或者重大风险；

②上市公司受到证监会行政处罚或者北交所公开谴责；

③北交所认定的其他情形。

保荐机构的持续督导时间应当延长至上述情形发生当年剩余时间及其后一个完整的会计年度，且相关违规行为已经得到纠正、重大风险已经消除。

2. 督导工作内容

保荐机构在持续督导期间，应当履行下列职责：

①审阅上市公司信息披露文件及向证监会和北交所提交的其他文件。

②督促上市公司建立健全并有效执行信息披露制度，发布风险揭示公告。

③督促上市公司建立健全并有效执行公司治理、内部控制等各项制度：

对上市公司发生的关联交易、对外担保、变更募集资金用途，以及其他可能影响持续经营能力、控制权稳定的风险事项发表意见；

对上市公司发生的资金占用、关联交易显失公允、违规对外担保、违规使用募集资金及其他可能严重影响公司和投资者合法权益的事项开展专项现场核查；

就上市公司存在的重大违法违规行为和其他重大事项及时向北交所报告。

④督促上市公司或其控股股东、实际控制人信守承诺，持续关注上市公司募集资金的专户存储、投资项目的实施等承诺事项。

⑤证监会和北交所规定的或者保荐协议约定的其他职责。

保荐机构和保荐代表人应当督导上市公司建立健全并有效执行信息披露制度，及时审阅信息披露文件及其他相关文件，并有充分理由确信上市公司向北交所提交的文件不存在虚假记载、误导性陈述或者重大遗漏。

保荐机构及其保荐代表人应当持续关注上市公司运作情况，充分了解公司及其业务，通过日常沟通、定期或不定期回访、查阅资料，列席股东大会、董事会、监事会等方式，关注公司日常经营、证券交易和媒体报道等情况，督促公司履行相应信息披露义务。

上市公司或其控股股东、实际控制人对募集资金使用、投资项目的实施等做出承诺的，保荐机构和保荐代表人应当督促其对承诺事项的具体内容、履约方式及时间、履约能力分析、履约风险及对策、不能履约时的救济措施等进行充分信息披露。保荐机构及其保荐代表人应当针对前款规定的承诺披露事项，持续跟进相关主体履行承诺的进展情况，督促相关主体及时、充分履行承诺。

上市公司出现下列情形之一的，保荐机构及其保荐代表人应当督促上市公司按规定履行信息披露义务，就信息披露是否真实、准确、完整，对公司经营的影响，以及是否存在其他未披露重大风险等内容发表意见，并于上市公司披露公告时在符合《证券法》规定的信息披露平台予以披露：

①关联交易；

②对外担保；

③变更募集资金用途；

④主要业务停滞或出现可能导致主要业务停滞的重大风险事件；

⑤公司经营业绩异常波动；

⑥控股股东、实际控制人及其一致行动人所持股份被司法冻结且可能导致控制权发生变动；

⑦控股股东、实际控制人及其一致行动人质押公司股份比例超过所持股份的80%或者被强制处置；

⑧北交所或者保荐机构认为需要发表意见的其他事项。

上市公司出现下列情形之一的，保荐机构及其保荐代表人应自知道或应当知道之日起 15 个工作日内进行专项现场核查：

①未在规定期限内披露年度报告或中期报告；

②控股股东、实际控制人或其他关联方涉嫌违规占用或转移上市公司的资金、资产及其他资源；

③关联交易显失公允或未履行审议程序和信息披露义务；

④违规使用募集资金；

⑤违规为他人提供担保或借款；

⑥上市公司及其董事、监事、高级管理人员、控股股东、实际控制人涉嫌重大违法违规；

⑦存在重大财务造假嫌疑；

⑧北交所或保荐机构认为应当进行核查的其他情形。

（三）上市委员会

《北京证券交易所上市委员会管理细则》（简称上市委细则）共分为七章，包括总则、上市委的组成、上市委职责与权利、上市委工作程序、并购重组委员会、工作纪律与监督管理及附则。上市委细则在整体平移全国股转系统挂牌委各项安排的基础上，主要做出了以下调整：

1. 专章规定重组委工作

在上市委中设立重组委，负责审议上市公司发行股份购买资产和重组上市有关事项，重组委委员不超过 30 名，可以由上市委委员兼任。重组委的组成、职责与权利、工作程序、工作纪律与监督管理等机制与上市委保持一致。

2. 增设特别程序

特别程序审议上市公司股票强制退市及退市后重新上市。特别程序明确，北交所应于审议会议召开 2 个交易日前安排会议，会议安排及会议结果均不公告。上市公司收到北交所发出的拟终止其股票上市的事先告知书后，提出听证的，北交所在收到听证申请的 20 个交易日内召开听证会。

3. 删除简易程序

上市委不再审议新三板层级调整、挂牌同时进入创新层及股票被强制终止挂牌等事项，删除简易程序有关内容。

北交所开市后，上市委将在注册制下围绕发行条件、上市条件和信息披露要求对发行上市申请等事项进行审议，通过集体合议形成审议意见。上市委由来自北交所和北交所外的专业人士共同组成，从法律、会计、行业和监管等多角度对审核过程、审核意见进行专家把关和监督，控制审核风险。

（四）独立董事

《北京证券交易所上市公司持续监管指引第 1 号——独立董事》共分为五章，包括总则、独立董事任职资格、独立董事权利义务、备案与管理及附则。独立董事应当对上市公司下述重大事项发表独立意见：

①提名、任免董事；

②聘任、解聘高级管理人员；

③公司董事、高级管理人员的薪酬；

④公司现金分红政策的制定、调整、决策程序、执行情况及信息披露，以及利润分配政策是否损害中小投资者合法权益；

⑤需要披露的关联交易、对外担保（不含对合并报表范围内子公司提供担保）、委托理财、对外提供财务资助、股票及其衍生品种投资等重大事项；

⑥变更募集资金用途、使用闲置募集资金投资理财产品、闲置募集资金暂时用于补充流动资金、超募资金用于永久补充流动资金和归还银行借款、以募集资金置换自筹资金等；

⑦重大资产重组、股份回购、股权激励和员工持股计划；

⑧承诺相关方变更承诺事项；

⑨因会计准则变更以外的原因作出会计政策、会计估计变更或重大会计差错更正；

⑩财务会计报告被会计师事务所出具非标准审计意见；

⑪董事会因故无法对定期报告形成决议；

⑫公司拟申请股票从北交所退市、申请转板或向境外其他证券交易所申请股票上市；

⑬独立董事认为有可能损害中小股东合法权益的事项；

⑭有关法律法规、部门规章、规范性文件、北交所业务规则及公司章程规定的其他事项。

第三章

北交所与其他板块上市条件对比

一、北交所与上交所、深交所的错位发展

新三板自2013年正式运营以来，通过不断的改革探索，已发展成为资本市场服务中小企业的重要平台。证监会表示，建设北交所的主要思路是，严格遵循证券法，按照分步实施、循序渐进的原则，总体平移精选层各项基础制度，坚持北交所上市公司由创新层公司产生，维持新三板基础层、创新层与北交所“层层递进”的市场结构，同步试点证券发行注册制。

在处理北交所与上交所、深交所及新三板基础层、创新层的关系时，应遵循以下原则：一是北交所与沪深交易所、区域性股权市场坚持错位发展与互联互通，发挥好转板上市功能。二是北交所与新三板现有创新层、基础层坚持统筹协调与制度联动，维护市场结构平衡。最终建立适合创新型中小企业特点上市平台，补足多层次资本市场发展普惠金融的短板。发挥北交所在多层次资本市场的纽带作用，与其他板块形成相互补充、相互促进的格局。

北交所的成立将打通从创业投资、私募股权投资，再到区域股权投资领域支持中小企业创新发展的全链条。北交所承接沪深交易所不能上市的中小企业，与沪深交易所并列平行服务不同市场主体。

北交所的成立，使中国资本市场三足鼎立的格局基本形成，上交所在区位上重点服务长三角、江浙沪，在定位上服务硬科技企业。深交所在区位上重点服务珠三角、大湾区，在定位上服务新经济。北交所在区位上重点服务京津冀，乃至整个北方地区，在定位上服务创新型中小民营企业。

二、北交所与其他板块挂牌上市指标汇总

（一）北交所上市指标

1. 行业限制

①产能过剩行业。

②《产业结构调整指导目录》中规定的淘汰类行业。

③金融业、房地产业、学前教育、学科类培训企业。

2. 发行条件

①主体类型：连续挂牌满 12 个月的创新层公司。

②净资产：最近一年期末净资产5 000万元以上。

③发行对象：公开发行的股份不少于 100 万股，发行对象不少于 100 人。

④股本总额：发行后股本总额3 000万元以上。

⑤公众持股：发行后股东人数 200 人以上，公众股东持股比例占股本总额 25%以上；股本总额超过 4 亿元的，占比 10%以上。

3. 市值及财务指标（满足其一）

①市值 2 亿元（二选一）：

A. 最近两年净利润均1 500万元以上，且净资产收益率平均不低于 8%。

B. 最近一年净利润2 500万元以上，且净资产收益率 8%以上。

②市值 4 亿元（同时满足）：

A. 最近两年营业收入平均不低于 1 亿元。

B. 最近一年营业收入增长率 30%以上。

C. 最近一年经营活动现金流量净额为正。

③市值 8 亿元（同时满足）：

A. 最近一年营业收入 2 亿元以上。

B. 最近两年累计研发投入占营业收入 8%以上。

④市值 15 亿元：最近两年累计研发投入5 000万元以上。

（二）创业板上市指标

1. 行业限制

（1）限制行业

①农林牧渔业；

②采矿业；

③酒、饮料和精制茶制造业；

④纺织业；

⑤黑色金属冶炼和压延加工业；

⑥电力、热力、燃气及水生产和供应业；

⑦建筑业；

⑧交通运输、仓储和邮政业；

⑨住宿和餐饮业；

⑩金融业；

⑪房地产业；

⑫居民服务、修理和其他服务业。

（2）例外情形

上述行业中，与互联网、大数据、云计算、自动化、人工智能、新能源等新技术、新产业、新业态、新模式深度融合的创新创业企业除外。

2. 发行条件

（1）主体类型

依法设立并存续的股份有限公司。

（2）经营年限

持续经营三年以上。

（3）主营业务

最近两年无重大变化。

（4）董事、高级管理人

最近两年无重大变化。

（5）实际控制人

最近两年无变更。

（6）内控审计

无保留意见的审计报告、内控鉴证报告。

（7）合法合规

最近三年公司、大股东、实控人、董监高无重大违法违规行为。

（8）股本总额

发行后股本总额3 000万元以上。

（9）公众持股

公开发行股份数量占比 25%以上；股本总额超过 4 亿元的，占比 10%以上。

3. 市值及财务指标

（1）一般企业（三选一）

①最近两年盈利：累计净利润5 000万元以上。

②最近一年盈利：市值 10 亿元，且最近一年营业收入 1 亿元以上。

③亏损企业：市值 50 亿元，且最近一年营业收入 3 亿元以上。

（2）红筹企业

①市值及财务指标（二选一）：

A. 市值 100 亿元，且最近一年净利润为正。

B. 市值 50 亿元，最近一年净利润为正，且最近一年营业收入 5 亿元以上。

②上市状态：尚未在境外上市。

③营业收入“快速增长”（三选一）：

A. 最近一年营业收入不低于 5 亿元的，最近三年营业收入复合增长率 10%以上。

B. 最近一年营业收入低于 5 亿元的，最近三年营业收入复合增长率 20%以上。

C. 行业周期波动整体下行的，最近三年营业收入复合增长率高于同行业平均水平。

（3）特殊股权结构企业

市值及财务指标（二选一）：

A. 市值 100 亿元，且最近一年净利润为正。

B. 市值 50 亿元，最近一年净利润为正，且最近一年营业收入 5 亿元以上。

（三）科创板上市指标

1. 行业限制

（1）六大领域

①新一代信息技术：半导体和集成电路、电子信息、下一代信息网络、人工智能、大数据、云计算、软件、互联网、物联网和智能硬件等。

②高端装备：智能制造、航空航天、先进轨道交通、海洋工程装备及相关服务等。

③新材料：先进钢铁材料、先进有色金属材料、先进石化化工新材料、先进无机非金属材料、高性能复合材料、前沿新材料及相关服务等。

④新能源：先进核电、大型风电、高效光电光热、高效储能及相关服务等。

⑤节能环保：高效节能产品及设备、先进环保技术装备、先进环保产品、资源循环利用、新能源汽车整车、新能源汽车关键零部件、动力电池及相关服务等。

⑥生物医药：生物制品、高端化学药、高端医疗设备与器械及相关服务等。

（2）负面清单

①限制类：金融科技、模式创新企业。

②禁止类：房地产、金融、投资类企业。

2. 科创属性（二选一）

（1）标准一（同时符合下列指标）

①研发投入（二选一）：

A. 最近三年累计研发投入占营业收入 5%以上（软件行业 10%以上）；

B. 最近三年累计研发投入 6 000 万元以上。

②研发人员：占员工总数比例 10%以上。

③发明专利：主营业务收入发明专利 5 项以上（软件行业豁免）。

④营业收入（二选一）（第五套上市标准豁免）：

A. 最近三年营业收入复合增长率达到 20%；

B. 最近一年营业收入达到 3 亿元。

（2）标准二（满足其一）

①核心技术：拥有的核心技术经国家主管部门认定具有国际领先、引领作用或者对于国家战略具有重大意义。

②重大奖项：作为主要参与单位或者核心技术人员，获得国家自然科学奖、国家科技进步奖、国家技术发明奖，并将相关技术运用于主营业务。

③重大项目：独立或者牵头承担与主营业务和核心技术相关的国家重大科技专项项目。

④产品优势：依靠核心技术形成的主要产品（服务），属于国家鼓励、支持和推动的关键设备、关键产品、关键零部件、关键材料等，并实现了进口替代。

⑤发明专利：形成核心技术和主营业务收入相关的发明专利（含国防专利）合计 50 项以上。

3. 发行条件

（1）主体类型

依法设立并存续的股份有限公司。

（2）经营年限

持续经营三年以上。

（3）主营业务

最近两年无重大变化。

（4）董事、高级管理人

最近两年无重大变化。

（5）实际控制人

最近两年无变更。

（6）内控审计

无保留意见的审计报告、内控鉴证报告。

（7）合法合规

最近三年公司、大股东、实控人、董监高无重大违法违规行为。

（8）股本总额

发行后股本总额3 000万元以上。

（9）公众持股

公开发行股份数量占比25%以上；股本总额超过4亿元的，占比10%以上。

4. 市值及财务指标

（1）一般企业（五选一）

①市值10亿元（二选一）：

A. 最近两年净利润均为正，且累计净利润5 000万元以上。

B. 最近一年净利润为正，且营业收入1亿元以上。

②市值15亿元（同时满足）：

A. 最近一年营业收入2亿元以上。

B. 最近三年累计研发投入占营业收入15%以上。

③市值20亿元（同时满足）：

A. 最近一年营业收入3亿元以上。

B. 最近三年经营活动现金流量净额累计1亿元以上。

④市值30亿元：最近一年营业收入3亿元以上。

⑤市值40亿元：主要业务或产品市场空间大，取得阶段性成果；医药企业有一项核心产品获准开展二期临床试验；其他企业具备明显技术优势。

（2）红筹企业

①市值及财务指标（二选一）：

A. 市值100亿元。

B. 市值50亿元，且最近一年营业收入5亿元以上。

②上市状态：尚未在境外上市。

③营业收入“快速增长”（三选一）：

A. 最近一年营业收入不低于5亿元的，最近三年营业收入复合增长率10%以上。

B. 最近一年营业收入低于5亿元的，最近三年营业收入复合增长率20%以上。

C. 行业周期波动整体下行的，最近3年营业收入复合增长率高于同行业平均水平。

（3）特殊股权结构企业

市值及财务指标（二选一）：

A. 市值100亿元。

B. 市值50亿元，且最近一年营业收入5亿元以上。

（四）主板上市条件

1. 主体资格

（1）主体类型

依法设立并存续的股份有限公司。

（2）经营年限

持续经营三年以上。

（3）主营业务

最近三年无重大变化。

（4）董事、高级管理人

最近三年无重大变化。

（5）实际控制人

最近三年无变更。

2. 财务指标

（1）净利润

最近三个会计年度净利润均为正，且累计超过3 000万元。

（2）现金流/收入（二选一）

①现金流：最近三个会计年度经营活动现金流量净额累计超过5 000

万元；

②收入：最近三个会计年度营业收入累计超过 3 亿元。

（3）股本总额

发行前股本总额不少于3 000万元。

（4）资产

最近一期末无形资产（扣除土地使用权、水面养殖权和采矿权等后）占净资产的比例不高于 20%。

（5）其他

最近一期末不存在未弥补亏损。

（五）香港主板上市财务指标（三选一）

1. 盈利测试

最近三年盈利合计不低于5 000万港元，其中最近一年盈利2 000万港元，前两年合计盈利3 000万港元。（注：2022 年 1 月 1 日执行新标准）具体见表 3-1。

表 3-1　香港主板上市财务指标　　单位：万港元

项目	现行盈利规定	更新后盈利规定（2022 年 1 月 1 日生效）
前两年累计盈利	3 000. 00	4 500. 00
最近一年盈利	2 000. 00	3 500. 00
近三年累计盈利	5 000. 00	8 000. 00

2. 市值／收益／现金流量测试

①上市时市值不低于 20 亿港元；

②经审计的最近一个会计年度的收益不低于 5 亿港元；

③现金流入合计不低于 1 亿港元。

3. 市值／收益测试

①上市时市值不低于 40 亿港元；

②最近一个会计年度收益不低于 5 亿港元。

（六）香港创业板上市财务指标（无明确盈利要求）

最近两年从经营业务所得的净现金流入总额不少于3 000万港元。

上市时市值不低于1.5亿港元。

若有充足理由，营业记录不足两年的，也可一定程度豁免，但仍须在现有营业记录期内满足3 000万港元现金流量的规定。

（七）新三板创新层挂牌条件

1. 发行条件

（1）定向融资

累计融资金额1 000万元以上。

（2）合格投资者

符合基础层投资者适当性条件的合格投资者50人以上。

（3）净资产

最近一年期末净资产为正。

（4）公司治理

公司治理健全、制度完善、设立董事会秘书。

2. 市值及财务指标（满足其一）

（1）标准一（同时满足）

①最近两年净利润均1 000万元以上；

②最近两年净资产收益率平均不低于8%；

③股本总额2 000万元以上。

（2）标准二（同时满足）

①最近两年营业收入平均不低于6 000万元，持续增长，年均复合增长率50%以上；

②股本总额2 000万元以上。

（3）标准三

最近有成交的60个做市或者集合竞价交易日的平均市值不低于6亿元，股本总额5 000万元以上；采取做市交易方式的，做市商家数不少于6家。

（八）新三板基础层挂牌条件

①依法设立且存续满两年。

②业务明确，具有持续经营能力。公司业务应有持续的营运记录，营运记录应满足下列条件：

公司应在每一个会计期间内形成与同期业务相关的持续营运记录，不能仅存在偶发性交易或事项。

最近两个完整会计年度的营业收入累计不低于1 000万元；因研发周期较长导致营业收入少于1 000万元，但最近一期末净资产不少于3 000万元的除外。

报告期末股本不少于 500 万元。

报告期末每股净资产不低于 1 元/股。

③公司治理机制健全，合法规范经营。

④股权明晰，股票发行和转让行为合法合规。

⑤主办券商推荐并持续督导。

⑥全国股份转让系统公司要求的其他条件。

三、北交所与其他板块上市申请文件对比

考虑到北交所主要服务中小企业的定位，整体上，在北交所发行上市的申请文件与沪深交易所各板块的申请文件相比有大幅减少，对拟申请的公司和中介机构而言是一种减负和利好，但申请文件的减少并不意味着核查、审核工作标准的降低，公司和中介机构对申请文件的质量应同样认真对待。

鉴于沪深交易所各板块对申请文件的要求差异不大，下面暂以深市创业板为例，根据证监会颁布的《公开发行证券的公司信息披露内容与格式准则第 47 号——向不特定合格投资者公开发行股票并在北京证券交易所上市申请文件》，对比北交所首次申请文件的异同，具体见表 3-2：

表 3-2　创业板与北交所首次申请文件的异同

创业板申请文件目录	北京证券交易所申请文件目录	说明
一、招股文件	一、发行文件	
1-1 招股说明书（申报稿）	1-1 招股说明书（申报稿）	一致
二、发行人关于本次发行上市的申请与授权文件	二、发行人关于本次发行上市的申请与授权文件	
2-1 关于本次公开发行股票并在创业板上市的申请报告	2-1 发行人关于本次公开发行股票并在北交所上市的申请报告	一致
2-2 董事会有关本次发行并上市的决议	2-2 发行人董事会有关本次公开发行并在北交所上市的决议	一致
2-3 股东大会有关本次发行并上市的决议	2-3 发行人股东大会有关本次公开发行并在北交所上市的决议	一致
2-4 关于符合创业板定位要求的专项说明		北交所删除
	2-4 发行人监事会对招股说明书真实性、准确性、完整性的书面审核意见	北交所增加
三、保荐人和证券服务机构关于本次发行上市文件		
3-1 保荐人关于本次发行上市的文件	三、保荐人关于本次发行的文件	
3-1-1 关于发行人符合创业板定位要求的专项意见		北交所删除
3-1-2 发行保荐书	3-1 发行保荐书	一致
3-1-3 上市保荐书	3-2 上市保荐书	一致
3-1-4 保荐工作报告	3-3 保荐工作报告	一致
3-1-5 关于发行人预计市值的分析报告（如适用）		北交所删除
3-1-6 保荐机构相关子公司参与配售的相关文件（如有）		北交所删除
3-2 会计师关于本次发行上市的文件	四、会计师关于本次发行的文件	
3-2-1 财务报表及审计报告	4-1 最近三年及一期的财务报告和审计报告	一致
3-2-2 发行人审计报告基准日至招股说明书签署日之间的相关财务报表及审阅报告（如有）		北交所删除

续表

创业板申请文件目录	北京证券交易所申请文件目录	说明
3-2-3 盈利预测报告及审核报告（如有）	4-2 盈利预测报告及审核报告（如有）	一致
3-2-4 内部控制鉴证报告	4-3 内部控制鉴证报告	一致
3-2-5 经注册会计师鉴证的非经常性损益明细表	4-4 经注册会计师鉴证的非经常性损益明细表	一致
	4-5 会计师事务所关于发行人前次募集资金使用情况的报告（如有）	北交所增加
3-3 发行人律师关于本次发行上市的文件	五、律师关于本次发行的文件	
3-3-1 法律意见书	5-1 法律意见书	一致
3-3-2 律师工作报告	5-2 律师工作报告	一致
3-3-3 关于发行人董事、监事、高级管理人员、发行人控股股东和实际控制人在相关文件上签名盖章的真实性的鉴证意见	5-3 发行人律师关于发行人董事、监事、高级管理人员、发行人控股股东和实际控制人在相关文件上签名盖章的真实性的鉴证意见	一致
3-3-4 关于申请电子文件与预留原件一致的鉴证意见	5-4 关于申请电子文件与预留原件一致的鉴证意见	一致
四、发行人的设立文件		
4-1 发行人的企业法人营业执照 4-2 发行人公司章程（草案）	7-1 发行人营业执照及公司章程（草案）	一致
4-3 发行人关于公司设立以来股本演变情况的说明及其董事、监事、高级管理人员的确认意见		北交所删除
4-4 商务主管部门出具的外资确认文件（如有）		北交所删除
五、与财务会计资料相关的其他文件		
5-1 发行人关于最近三年及一期的纳税情况及政府补助情况		北交所删除
5-1-1 发行人最近三年及一期所得税纳税申报表		北交所删除
5-1-2 有关发行人税收优惠、政府补助的证明文件		北交所删除
5-1-3 主要税种纳税情况的说明		北交所删除

续表

创业板申请文件目录	北京证券交易所申请文件目录	说明
5-1-4 注册会计师对主要税种纳税情况说明出具的意见		北交所删除
5-1-5 发行人及其重要子公司或主要经营机构最近三年及一期发行人纳税情况的证明		北交所删除
5-2 发行人需报送的其他财务资料		北交所删除
5-2-1 最近三年及一期原始财务报表		北交所删除
5-2-2 原始财务报表与申报财务报表的差异比较表		北交所删除
5-2-3 注册会计师对差异情况出具的意见		北交所删除
5-3 发行人设立时和最近三年及一期的资产评估报告（如有）		北交所删除
5-4 发行人的历次验资报告或出资证明		北交所删除
5-5 发行人大股东或控股股东最近一年的原始财务报表及审计报告（如有）		北交所删除
六、关于本次发行上市募集资金运用的文件	六、关于本次发行募集资金运用的文件	
6-1 发行人关于募集资金运用方向的总体安排及其合理性、必要性的说明		北交所删除
6-2 募集资金投资项目的审批、核准或备案文件（如有）	6-1 募集资金投资项目的审批、核准或备案文件（如有）	一致
6-3 发行人拟收购资产（或股权）的财务报表、资产评估报告及审计报告、盈利预测报告（如有）	6-2 发行人拟收购资产（包括权益）的有关财务报告、审计报告、资产评估报告（如有）	基本一致
6-4 发行人拟收购资产（或股权）的合同或合同草案（如有）	6-3 发行人拟收购资产（包括权益）的合同或其草案（如有）	一致
七、其他文件	七、其他文件	
7-1 产权和特许经营权证书		北交所删除

续表

创业板申请文件目录	北京证券交易所申请文件目录	说明
7-1-1 发行人拥有或使用的对其生产经营有重大影响的商标、专利、计算机软件著作权等知识产权以及土地使用权、房屋所有权等产权证书清单（需列明证书所有者或使用者名称、证书号码、权利期限、取得方式、是否及存在何种他项权利等内容）		北交所删除
7-1-2 发行人律师就 7-1-1 清单所列产权证书出具的鉴证意见		北交所删除
7-1-3 特许经营权证书（如有）		北交所删除
7-2 重要合同		北交所删除
7-2-1 对发行人有重大影响的商标、专利、专有技术等知识产权许可使用协议（如有）		北交所删除
7-2-2 重大关联交易协议（如有）		北交所删除
7-2-3 重组协议（如有）		北交所删除
7-2-4 特别表决权股份等差异化表决安排涉及的协议（如有）		北交所删除
7-2-5 高级管理人员、员工配售协议（如有）		北交所删除
7-2-6 其他重要商务合同（如有）		北交所删除
	7-2 发行人控股股东、实际控制人最近一年及一期的财务报告及审计报告（如有）	北交所增加
7-3 特定行业（或企业）的管理部门出具的相关意见（如有）	7-5 特定行业（或企业）管理部门出具的相关意见（如有）	一致
7-4 承诺事项	7-3 承诺事项	
7-4-1 发行人及其实际控制人、控股股东、持股 5%以上股东以及发行人董事、监事、高级管理人员等责任主体的重要承诺以及未履行承诺的约束措施	7-3-1 发行人及其控股股东、实际控制人、持股 5%以上股东以及发行人董事、监事、高级管理人员等责任主体的重要承诺及未履行承诺的约束措施	一致
7-4-2 有关消除或避免相关同业竞争的协议以及发行人的控股股东和实际控制人出具的相关承诺		北交所删除

续表

创业板申请文件目录	北京证券交易所申请文件目录	说明
7-4-3 发行人全体董事、监事、高级管理人员对发行申请文件真实性、准确性、完整性的承诺	7-3-2 发行人及其控股股东、实际控制人、全体董事、监事、高级管理人员、保荐人（主承销商）、律师事务所、会计师事务所及其他证券服务机构对发行申请文件真实性、准确性、完整性的承诺书	基本一致
7-4-4 发行人控股股东、实际控制人对招股说明书的确认意见		
7-4-5 发行人监事对招股说明书的确认意见		
7-4-6 发行人关于申请电子文件与预留原件一致的承诺函	7-3-3 发行人、保荐人关于申请电子文件与预留原件一致的承诺函	一致
7-4-7 保荐人关于申请电子文件与预留原件一致的承诺函		
7-4-8 发行人保证不影响和干扰审核的承诺函		北交所删除
7-5 说明事项		
7-5-1 发行人关于申请文件不适用情况的说明		北交所删除
7-5-2 发行人关于招股说明书不适用情况的说明		北交所删除
7-5-3 信息披露豁免申请（如有）	7-4 信息披露豁免申请及保荐人核查意见（如有）	基本一致
7-6 保荐协议	7-6 保荐协议	一致
7-7 其他文件	7-7 其他文件	一致

四、北交所与其他板块优势、劣势对比

（一）北交所上市的优势

1. 上市门槛低

科创板定位于硬科技企业，要求是战略性新兴产业且基本都是行业龙头；创业板定位于“三创四新”企业，且不能是农业、矿业、纺织业、建筑业、交通运输与仓储业、住宿和餐饮业等 12 个负面清单内行业。财务指标方面，科创板或创业板要求年均至少2 000 万～3 000万元利润，甚至亏

损也可以，但实践中绝大部分科创板和创业板企业申报期最后一年利润都高于5 000万元。

北交所上市除了限制房地产开发、类金融、产能过剩行业外，没有额外的行业限制，范围更加广泛。财务指标方面，北交所定位于中小企业，最低要求 2 亿元市值且两年都在1 500万元利润以上，如果企业市值达到一定规模，没有利润甚至没有收入也可以上市，是所有上市板块中最低的。

2. 排队企业少，可控性强

北交所为新开交易所，目前排队企业较少，审核周期大幅低于科创板与创业板。企业已经历过新三板挂牌的过程，在后续北交所上市的过程中舆论关注度更低，可以减少一些不必要的意外发生。若企业达到科创板或创业板的上市条件，可以比较自由地申请转板至科创板或创业板。

3. 中介费用低

北交所上市企业规模相对较小，且审核周期短、审核强度低，中介费用也比较低，一般1 500万 ~ 2 000万元，而科创板、创业板等中介费用在4 000万 ~ 5 000万元。各地政府已陆续出台针对北交所上市企业的奖励政策，企业拿到奖励资金后，几乎可以涵盖前期支出的中介费用。

（二）北交所上市的劣势

1. 投资者门槛偏高

北交所制度出台后，新三板基础层个人投资者门槛 200 万元，创新层 100 万元，北交所 50 万元，科创板 50 万元，创业板 10 万元，主板几乎没有门槛。相比于创业板和主板，北交所投资者门槛还是偏高，股票流动性不如主板。

2. 募集资金偏少

北交所定位于中小企业，上市企业规模较主板、科创板、创业板而言普遍偏小，募资金额平均在 2 亿 ~ 3 亿元，低于上述其他板块募资水平，不适于资金需求量较大的企业。

3. 估值偏低

截至 2021 年 10 月，新三板精选层企业的平均市盈率大约为 34.76 倍，低于科创板的 47.74 倍，创业板的 41.87 倍。另外，同为精选层企业，两极分化明显，很多企业因为很少受到关注，市盈率比较低，流动性也比较差。

4. 提前筹划

北交所上市要求先完成新三板创新层挂牌，相当于提前进行信息披露。如果企业前期规范存在瑕疵、财务核算不够精细，后续上市时再进行整改，可能会给上市带来负面影响。因此，要尽早按照上市要求进行规范，避免给上市带来不利影响。另外在合格投资者人员数量要求方面，北交所上市需要首先进入新三板创新层、创新层和精选层以及股票发行都有人数要求限制，对体量较小的中小企业来说，需要提前谋划。

第四章

北交所上市操作指引

一、北交所上市条件

北交所上市的路径主要有两类：第一类是新三板精选层公司，直接整体平移至北交所上市；第二类是新三板创新层公司，需要符合北交所的发行和上市条件。北交所开市后，北交所上市企业均需从新三板创新层公司而来。北交所上市条件如下：

（一）积极条件

1. 新三板要求

发行人为在全国股转系统连续挂牌满 12 个月的创新层挂牌公司。

2. 发行条件

发行人应当为在全国股转系统连续挂牌满 12 个月的创新层挂牌公司。此外，应当符合下列规定：

①具备健全且运行良好的组织机构；

②具有持续经营能力，财务状况良好；

③最近三年财务会计报告无虚假记载，被出具无保留意见审计报告；

④依法规范经营。

3. 期末净资产

最近一年期末净资产不低于5 000万元。

4. 发行股份、发行对象

公开发行的股份不少于 100 万股，发行对象不少于 100 人。

5. 股本总额

公开发行后，公司股本总额不少于3 000万元。

6. 股东人数、持股比例

公开发行后，公司股东人数不少于200人，公众股东持股比例不低于公司股本总额的25%；公司股本总额超过4亿元的，公众股东持股比例不低于公司股本总额的10%。

7. 财务指标（符合下列任一条件）

①市值+净利润：市值不低于2亿元，最近两年净利润均不低于1 500万元且加权平均净资产收益率平均不低于8%，或者最近一年净利润不低于2 500万元且加权平均净资产收益率不低于8%。

②市值+营业收入+营收增长率：市值不低于4亿元，最近两年营业收入平均不低于1亿元，且最近一年营业收入增长率不低于30%，最近一年经营活动产生的现金流量净额为正。

③市值+营业收入+研发投入：市值不低于8亿元，最近一年营业收入不低于2亿元，最近两年研发投入合计占最近两年营业收入合计比例不低于8%。

④市值+研发投入：市值不低于15亿元，最近两年研发投入合计不低于5 000万元。

（二）消极条件

不得存在下列情形：

①最近36个月内，发行人及其控股股东、实际控制人，存在贪污、贿赂、侵占财产、挪用财产或者破坏社会主义市场经济秩序的刑事犯罪，存在欺诈发行、重大信息披露违法或者其他涉及国家安全、公共安全、生态安全、生产安全、公众健康安全等领域的重大违法行为。

②最近12个月内，发行人及其控股股东、实际控制人、董事、监事、高级管理人员受到证监会及其派出机构行政处罚，或因证券市场违法违规行为受到全国股转公司、证券交易所等自律监管机构公开谴责。

③发行人及其控股股东、实际控制人、董事、监事、高级管理人员因涉嫌犯罪正被司法机关立案侦查或涉嫌违法违规正被证监会及其派出机构立案调查，尚未有明确结论意见。

④发行人及其控股股东、实际控制人被列入失信被执行人名单且情形尚未消除。

⑤未按照《证券法》规定在每个会计年度结束之日起 4 个月内编制并披露年度报告，或者未在每个会计年度的上半年结束之日起 2 个月内编制并披露中期报告。

⑥证监会和北交所规定的，对发行人经营稳定性、直接面向市场独立持续经营的能力具有重大不利影响，或者存在发行人利益受到损害等其他情形。

二、北交所上市流程

北交所上市前，必须完成新三板挂牌并进入创新层持续满一年。

（一）新三板挂牌流程

1. 尽职调查

企业确定券商、会计师事务所、律师事务所、评估机构，各中介机构进行尽职调查，指导企业进行规范运作，最终企业应符合新三板挂牌的规范性要求。整体期限 1~2 个月。

2. 股份制改造

企业确定股改方案，审计、评估、完成企业内部股东会决议后，进行股份制改造，并完成工商变更手续，最终将有限公司变成股份公司。整体期限约 2 个月。

3. 申报材料制作

会计师出具审计报告，律师出具法律意见书，券商制作公开转让说明书和推荐报告，整体期限约 3 个月。

4. 券商内核与申报

券商质控部门与内核小组对材料进行审核，并出具内核意见，根据内核意见补充修订申报材料，最终提交全国股转系统申报。整体期限约 1 个月。

5. 备案挂牌

全国股转系统受理材料后进行审核，并针对材料出具反馈意见，最终由全国股转系统出具挂牌同意函，企业完成挂牌。整体期限约 3 个月。

企业在新三板挂牌满 12 个月后（基础层与创新层时间累计计算）才能向北交所提交资料，北交所过会并经证监会注册后，企业可公开发行股票并上市。

（二）北交所上市流程

1. 辅导阶段

主要事项包括确定上市方案、进行辅导备案、券商对企业开展上市辅导。

2. 申报阶段

主要事项包括补充尽职调查、审计评估、准备募投项目、拟定申报文件。

3. 审核阶段

主要事项包括向北交所递交申报材料、反馈意见的回复、北交所上市委员会表决，以及表决通过后办理注册流程。

4. 发行阶段

主要事项包括路演、定价和配售发行工作。

5. 上市阶段

主要事项包括核准上市，完成股票发行上市。

三、北交所上市时间

如果企业财务指标符合北交所的上市条件，整个上市周期在两年到两年半。

暂以 2021 年 11 月作为新三板申报基准日，简要时间表见表 4-1：

表 4-1 新三板申报基准日

序号	时间	工作内容
1	2021 年 11 月	中介机构开展尽职调查，企业整改规范
2	2021 年 12 月	完成股份制改造
3	2022 年 2 月	会计师出具 2020—2021 年审计报告
4	2022 年 4 月	完成新三板挂牌材料申报
5	2022 年 7 月	新三板挂牌并进入基础层
6	2023 年 2 月	启动上市辅导
7	2023 年 5 月	调整进入创新层
8	2023 年 8 月	挂牌满一年后，北交所材料申报
9	2023 年 12 月	北交所 IPO 注册
10	2024 年 1 月	公开发行 IPO 上市

四、北交所上市费用

目前新三板挂牌费用（含券商、会计师、律师、评估师等）在 170 万~200 万元，企业在新三板挂牌期间的持续督导费（含审计）大约 30 万元/年。

北交所上市的主要费用为承销费，该费用按募集资金一定比例收取。除此之外，还有券商辅导保荐费用、会计师审计费、律师费用等。参考已在精选层挂牌的企业，北交所发行上市费用（含券商、会计师、律师、发行费用）在1 500万~2 000万元，具体与企业行业、规模、子公司数量、规范程度等相关。

相比于沪深交易所上市平均费用在5 000万~6 000万元，北交所上市费用相对较低，当然这与北交所上市企业募集资金量较小有关。

第五章

北交所投资机会

一、北交所带来的投资机会

随着北交所的设立，投融资市场火热起来。北交所支持创新型中小企业发展，带动共同富裕，吸引投资资金入场，带来很多投资机会。

（一）扩充投资标的数量

北交所的设立，意味着已经在新三板挂牌的精选层企业就是上市公司了。今后北交所上市企业拥有与沪深交易所的同样的地位，与沪深股票一样不再以净资产作为衡量企业自身价值的唯一指标，而是有了市值的概念。

在新三板基础层和创新层企业中，同样有很多专精特新创新型中小企业符合北交所的上市标准，这些都是潜在的投资标的。加上我国三四千万的中小企业未来进入黄金发展期，北交所将拥有丰富的资源池和投资标的。

标的企业资源丰富了，市场就活跃，近期一系列打击垄断的政策也是为了激活创业创新的热情，使投资资金进入中小企业创新创业领域，为创业者创新发展提供资金来源与保障，提升就业率，达到共同富裕的目标。

（二）降低投资门槛

新三板是中国的第三个全国性证券交易场所，但由于之前个人投资者门槛较高，交易量较小，因而其融资功能未得到完全体现。北交所的设立进一步促进了股权投资等直接融资的发展。在企业既往融资结构中，银行贷款占据了很大比例，银行机构可能把钱借给国企央企等大型企业，中小企业则很难借到钱。这次北交所的设立，为广大中小企业引入了投资资金，激活了 PE/VC 投资机构的热情，解决了融资难、融资贵的问题。

目前北交所个人投资者门槛降至50万元，与现行科创板标准一致，这在一定程度上扩大了投资者群体范围，提高了市场参与度和活跃度。

（三）丰富投资手段

对于普通投资者而言，除了直接参与北交所投资，还可以通过新三板或北交所相关基金参与投资。证监会已适度开放了公募基金参与新三板投资的范围，将投资范围限定在精选层股票。2020年6月，首批新三板精选层基金发行。

除精选层公募基金外，投资者还可通过创投机构、私募基金等途径参与北交所投资。2019年前，带“新三板”字样的备案私募基金产品非常低迷，只有1只；截至2021年11月，已进行私募基金备案的产品合计1028只，储备资金量约2万亿元。

二、北交所首批上市公司

北交所于2021年11月15日开市，81家公司成为北交所首批上市公司，名单见表5-1：

表5-1　精选层挂牌企业

代码	名称	行业种类
430090	同辉信息	软件和信息技术服务业
430198	微创光电	计算机、通信和其他电子设备制造业
430489	佳先股份	化学原料和化学制品制造业
430510	丰光精密	金属制品业
430418	苏轴股份	通用设备制造业
830799	艾融软件	软件和信息技术服务业
830832	齐鲁华信	化学原料和化学制品制造业
830839	万通液压	通用设备制造业
830946	森萱医药	医药制造业
830964	润农节水	土木工程建筑业
831010	凯添燃气	燃气生产和供应业

续表

代码	名称	行业种类
831039	国义招标	专业技术服务业
831370	新安洁	公共设施管理业
831445	龙竹科技	家具制造业
831726	朱老六	食品制造业
831768	拾比佰	金属制品业
831856	浩淼科技	专用设备制造业
832278	鹿得医疗	专用设备制造业
832317	观典防务	科技推广和应用服务业
832225	利通科技	橡胶和塑料制品业
832000	安徽凤凰	汽车制造业
831961	创远仪器	仪器仪表制造业
832566	梓橦宫	医药制造业
833266	生物谷	医药制造业
832735	德源药业	医药制造业
832885	星辰科技	仪器仪表制造业
833427	华维设计	专业技术服务业
833523	德瑞锂电	计算机、通信和其他电子设备制造业
833819	颖泰生物	化学原料和化学制品制造业
834021	流金岁月	商务服务业
833509	同惠电子	仪器仪表制造业
833874	泰祥股份	汽车制造业
833994	翰博高新	计算机、通信和其他电子设备制造业
834415	恒拓开源	软件和信息技术服务业
835184	国源科技	软件和信息技术服务业
834682	球冠电缆	电气机械和器材制造业
834475	三友科技	专用设备制造业
835185	贝特瑞	非金属矿物制品业
834765	美之高	家具制造业
834599	同力股份	通用设备制造业

续表

代码	名称	行业种类
835305	云创数据	软件和信息技术服务业
836826	盖世食品	农副食品加工业
835640	富士达	计算机、通信和其他电子设备制造业
835508	殷图网联	软件和信息技术服务业
835670	数字人	软件和信息技术服务业
835174	五新隧装	专用设备制造业
836077	吉林碳谷	化学纤维制造业
835368	连城数控	专用设备制造业
836149	旭杰科技	非金属矿物制品业
836263	中航泰达	生态保护和环境治理业
836239	长虹能源	电气机械和器材制造业
836675	秉扬科技	非金属矿物制品业
836433	大唐药业	医药制造业
837242	建邦科技	商务服务业
837212	智新电子	计算机、通信和其他电子设备制造业
837344	三元基因	医药制造业
839946	华阳变速	汽车制造业
838030	德众汽车	零售业
838275	驱动力	农副食品加工业
838163	方大股份	橡胶和塑料制品业
839167	同享科技	有色金属冶炼和压延加工业
839729	永顺生物	医药制造业
871396	常辅股份	仪器仪表制造业
871553	凯腾精工	专用设备制造业
871642	通易航天	橡胶和塑料制品业
872925	锦好医疗	专用设备制造业
430047	诺思兰德	医药制造业
836892	广咨国际	专业技术服务业

三、拟登陆北交所的后备企业

截至 2021 年 11 月，新三板挂牌企业共 7 000 余家。其中，创新层约 1 200家，基础层约 5 800 家。我们从创新层企业中挑出符合北交所上市标准的企业 700 余家，并按上市标准进行简要整理，结果见表 5-2：

表 5-2　符合北交所上市标准的企业

证券代码	证券简称	行业	满足上市标准
430005	原子高科	医药制造业	标准一 A
430014	恒业世纪	专用设备制造业	标准一 A
430017	星昊医药	医药制造业	标准四
430021	海鑫科金	软件和信息技术服务业	标准四
430034	大地股份	农副食品加工业	标准一 B
430037	联飞翔	黑色金属冶炼和压延加工业	标准四
430051	九恒星	互联网和相关服务	标准四
430057	清畅电力	电气机械和器材制造业	标准一 A
430062	中科国信	计算机、通信和其他电子设备制造业	标准一 B
430075	中讯四方	计算机、通信和其他电子设备制造业	标准二
430076	国基科技	软件和信息技术服务业	标准一 A
430120	金润科技	软件和信息技术服务业	标准二
430127	英雄互娱	互联网和相关服务	标准四
430139	华岭股份	计算机、通信和其他电子设备制造业	标准一 B
430161	光谷信息	软件和信息技术服务业	标准一 B
430193	微传播	互联网和相关服务	标准一 A
430208	优炫软件	软件和信息技术服务业	标准四
430217	掌众科技	互联网和相关服务	标准四
430222	璟泓科技	医药制造业	标准一 B
430223	亿童文教	新闻和出版业	标准一 A
430276	晟矽微电	计算机、通信和其他电子设备制造业	标准四
430277	圣商教育	商务服务业	标准一 B

续表

证券代码	证券简称	行业	满足上市标准
430287	环宇畜牧	专用设备制造业	标准一 A
430318	四维传媒	新闻和出版业	标准二
430320	江扬环境	生态保护和环境治理业	标准一 A
430330	捷世智通	软件和信息技术服务业	标准二
430335	华韩整形	卫生	标准一 B
430356	雷腾软件	软件和信息技术服务业	标准一 B
430363	上海上电	电气机械和器材制造业	标准二
430372	泰达新材	化学原料和化学制品制造业	标准一 B
430375	星立方	软件和信息技术服务业	标准一 B
430376	东亚装饰	建筑装饰和其他建筑业	标准一 B
430385	中一检测	专业技术服务业	标准一 A
430392	斯派克	化学原料和化学制品制造业	标准一 A
430432	方林科技	电气机械和器材制造业	标准一 B
430459	华艺园林	土木工程建筑业	标准一 B
430476	海能技术	仪器仪表制造业	标准一 B
430496	大正医疗	专用设备制造业	标准一 A
430497	威硬工具	金属制品业	标准一 A
430500	亚奥科技	软件和信息技术服务业	标准一 B
430515	麟龙股份	软件和信息技术服务业	标准一 B
430539	扬子地板	木材加工和木、竹、藤、棕、草制品业	标准一 B
430555	英派瑞	橡胶和塑料制品业	标准一 B
430556	雅达股份	仪器仪表制造业	标准一 B
430564	天润科技	软件和信息技术服务业	标准一 B
430573	山水节能	通用设备制造业	标准一 B
430578	差旅天下	商务服务业	标准一 A
430588	天松医疗	专用设备制造业	标准一 B
430592	凯德股份	电气机械和器材制造业	标准一 A
430607	大树智能	专用设备制造业	标准一 B
430675	天跃科技	计算机、通信和其他电子设备制造业	标准一 B

续表

证券代码	证券简称	行业	满足上市标准
430685	新芝生物	专用设备制造业	标准一 B
430753	琼中农信	货币金融服务	标准一 B
430755	华曦达	计算机、通信和其他电子设备制造业	标准一 B
430761	升禾环保	公共设施管理业	标准一 A
830774	百博生物	医药制造业	标准一 B
830779	武汉蓝电	仪器仪表制造业	标准一 B
830782	泰安众诚	专用设备制造业	标准一 A
830809	安达科技	电气机械和器材制造业	标准四
830813	熔金股份	非金属矿物制品业	标准一 A
830818	巨峰股份	电气机械和器材制造业	标准一 B
830827	世优电气	电气机械和器材制造业	标准一 B
830833	九生堂	食品制造业	标准一 A
830837	古城香业	其他制造业	标准一 A
830849	平原智能	专用设备制造业	标准四
830851	骏华农牧	畜牧业	标准二
830877	康莱股份	文教、工美、体育和娱乐用品制造业	标准一 B
830879	基康仪器	仪器仪表制造业	标准一 B
830885	波斯科技	橡胶和塑料制品业	标准一 B
830892	海迈科技	软件和信息技术服务业	标准四
830920	聚融集团	非金属矿物制品业	标准一 B
830921	海阳股份	商务服务业	标准一 B
830923	上元堂	零售业	标准二
830939	君山股份	其他制造业	标准一 A
830974	凯大催化	化学原料和化学制品制造业	标准一 B
830978	先临三维	专用设备制造业	标准四
830988	兴和股份	电气机械和器材制造业	标准一 B
831006	久易股份	化学原料和化学制品制造业	标准一 B
831049	赛莱拉	研究和试验发展	标准四
831053	美佳新材	化学原料和化学制品制造业	标准四

续表

证券代码	证券简称	行业	满足上市标准
831057	多普泰	医药制造业	标准一 B
831063	安泰股份	软件和信息技术服务业	标准四
831074	佳力科技	通用设备制造业	标准一 B
831075	宏海科技	金属制品业	标准一 A
831083	东润环能	软件和信息技术服务业	标准一 B
831092	乾元泽孚	非金属矿物制品业	标准一 A
831118	兰亭科技	化学原料和化学制品制造业	标准一 B
831129	领信股份	软件和信息技术服务业	标准一 B
831131	兴宏泰	黑色金属矿采选业	标准二
831142	易讯通	软件和信息技术服务业	标准一 B
831152	昆工科技	有色金属冶炼和压延加工业	标准一 B
831159	安达物流	道路运输业	标准一 A
831167	鑫汇科	计算机、通信和其他电子设备制造业	标准一 B
831173	泰恩康	批发业	标准四
831175	派诺科技	软件和信息技术服务业	标准四
831177	深冷能源	化学原料和化学制品制造业	标准一 B
831187	创尔生物	医药制造业	标准一 B
831193	新健康成	医药制造业	标准一 A
831195	三祥科技	汽车制造业	标准一 B
831200	巨正源	批发业	标准一 B
831204	汇通控股	汽车制造业	标准一 B
831235	点米科技	商务服务业	标准四
831247	盛帮股份	橡胶和塑料制品业	标准一 B
831253	东进农牧	农副食品加工业	标准一 B
831265	宏源药业	医药制造业	标准一 B
831278	泰德股份	通用设备制造业	标准一 B
831287	启奥科技	软件和信息技术服务业	标准四
831305	海希通讯	仪器仪表制造业	标准一 B
831311	博安智能	软件和信息技术服务业	标准一 A

续表

证券代码	证券简称	行业	满足上市标准
831343	益通建设	土木工程建筑业	标准一 B
831378	富耐克	非金属矿物制品业	标准三
831397	康泽药业	批发业	标准二
831406	森达电气	电气机械和器材制造业	标准一 B
831415	城兴股份	专业技术服务业	标准一 B
831463	凯雪冷链	通用设备制造业	标准一 B
831474	上海科特	计算机、通信和其他电子设备制造业	标准一 B
831485	科达科技	非金属矿物制品业	标准一 A
831511	水治理	生态保护和环境治理业	标准一 B
831513	爱迪新能	电气机械和器材制造业	标准一 B
831546	美林数据	软件和信息技术服务业	标准四
831563	高盛股份	电气机械和器材制造业	标准一 A
831564	欧伏电气	电气机械和器材制造业	标准一 B
831565	润成科技	仪器仪表制造业	标准二
831566	盛大在线	互联网和相关服务	标准一 B
831588	山川秀美	专业技术服务业	标准一 B
831598	热像科技	计算机、通信和其他电子设备制造业	标准一 B
831601	威科姆	软件和信息技术服务业	标准四
831621	中镁控股	非金属矿物制品业	标准一 B
831627	力王股份	电气机械和器材制造业	标准一 B
831638	天物生态	生态保护和环境治理业	标准二
831641	格利尔	电气机械和器材制造业	标准一 B
831662	快乐沃克	商务服务业	标准一 A
831672	莲池医院	卫生	标准一 B
831689	克莱特	通用设备制造业	标准一 A
831698	工大软件	软件和信息技术服务业	标准一 B
831708	吉华勘测	专业技术服务业	标准一 A
831709	瑞特爱	专业技术服务业	标准一 A
831710	昊方机电	汽车制造业	标准四

续表

证券代码	证券简称	行业	满足上市标准
831714	福航环保	专用设备制造业	标准一 B
831718	青鸟软通	软件和信息技术服务业	标准一 A
831719	菱湖股份	化学原料和化学制品制造业	标准一 A
831724	信而泰	仪器仪表制造业	标准一 B
831727	中钢网	互联网和相关服务	标准一 A
831755	邦正科技	软件和信息技术服务业	标准二
831798	博益气动	仪器仪表制造业	标准一 B
831827	宝来利来	医药制造业	标准一 B
831834	三维股份	橡胶和塑料制品业	标准一 B
831855	浙江大农	专用设备制造业	标准一 B
831873	环宇建科	房屋建筑业	标准一 B
831884	成达兴	软件和信息技术服务业	标准一 B
831888	垦丰种业	农业	标准四
831892	新玻电力	电气机械和器材制造业	标准一 A
831906	舜宇精工	专用设备制造业	标准一 B
831929	惠尔明	化学原料和化学制品制造业	标准一 B
831934	宇迪光学	仪器仪表制造业	标准一 B
831943	西格码	建筑安装业	标准一 A
831978	金康精工	专用设备制造业	标准一 A
832007	航天检测	专业技术服务业	标准一 B
832010	亘古电缆	电气机械和器材制造业	标准一 B
832014	绿之彩	印刷和记录媒介复制业	标准一 A
832047	联洋新材	橡胶和塑料制品业	标准一 B
832060	施可瑞	橡胶和塑料制品业	标准二
832063	鸿辉光通	计算机、通信和其他电子设备制造业	标准一 B
832075	东方水利	专用设备制造业	标准一 B
832077	华创合成	医药制造业	标准一 B
832081	金利股份	废弃资源综合利用业	标准一 B
832093	科伦股份	橡胶和塑料制品业	标准一 B

续表

证券代码	证券简称	行业	满足上市标准
832094	金昌蓝宇	有色金属冶炼和压延加工业	标准一 A
832110	雷特科技	计算机、通信和其他电子设备制造业	标准一 A
832113	中康国际	卫生	标准二
832114	中爆数字	软件和信息技术服务业	标准一 A
832126	康乐药业	医药制造业	标准一 B
832145	恒合股份	科技推广和应用服务业	标准一 B
832149	利尔达	计算机、通信和其他电子设备制造业	标准一 B
832151	听牧肉牛	农副食品加工业	标准一 A
832171	志晟信息	软件和信息技术服务业	标准一 B
832175	东方碳素	非金属矿物制品业	标准一 B
832189	科瑞达	仪器仪表制造业	标准一 B
832196	秦森园林	土木工程建筑业	标准一 B
832214	太川股份	计算机、通信和其他电子设备制造业	标准一 B
832236	丰源股份	电力、热力生产和供应业	标准一 B
832267	诺君安	软件和信息技术服务业	标准一 B
832276	翔宇药业	医药制造业	标准四
832280	创元期货	其他金融业	标准二
832285	瑞恩电气	电气机械和器材制造业	标准一 B
832305	东利机械	汽车制造业	标准一 B
832327	海颐软件	软件和信息技术服务业	标准一 B
832347	太矿电气	专用设备制造业	标准一 A
832350	汇知康	专用设备制造业	标准一 B
832359	益森科技	非金属矿物制品业	标准一 A
832389	睿思凯	计算机、通信和其他电子设备制造业	标准一 A
832390	金海股份	金属制品业	标准一 B
832394	佳龙科技	通用设备制造业	标准二
832397	恒神股份	化学纤维制造业	标准二
832398	索力得	金属制品业	标准一 B
832399	宁波公运	道路运输业	标准一 B

续表

证券代码	证券简称	行业	满足上市标准
832419	路斯股份	农副食品加工业	标准一 B
832432	科列技术	计算机、通信和其他电子设备制造业	标准四
832449	恒宝通	计算机、通信和其他电子设备制造业	标准三
832469	富恒新材	橡胶和塑料制品业	标准一 B
832491	奥迪威	计算机、通信和其他电子设备制造业	标准二
832499	天海流体	通用设备制造业	标准一 A
832510	星月科技	软件和信息技术服务业	标准一 A
832513	汇群中药	医药制造业	标准一 B
832532	大亚股份	金属制品业	标准一 B
832534	东宝股份	化学原料和化学制品制造业	标准二
832554	桑尼泰克	汽车制造业	标准一 B
832555	金宇农牧	畜牧业	标准一 A
832558	爽口源	农副食品加工业	标准一 A
832567	伟志股份	专业技术服务业	标准一 B
832571	点击网络	互联网和相关服务	标准二
832645	高德信	互联网和相关服务	标准一 B
832646	讯众股份	软件和信息技术服务业	标准一 B
832652	目乐医疗	专用设备制造业	标准一 A
832685	华洋科技	计算机、通信和其他电子设备制造业	标准一 B
832694	维冠机电	计算机、通信和其他电子设备制造业	标准一 B
832705	达瑞生物	医药制造业	标准四
832707	国豪股份	建筑装饰和其他建筑业	标准一 B
832715	华信股份	软件和信息技术服务业	标准一 B
832727	景心科技	软件和信息技术服务业	标准一 B
832774	森泰环保	专用设备制造业	标准一 B
832792	XR 鹿城银	货币金融服务	标准一 B
832800	赛特斯	软件和信息技术服务业	标准四
832802	保丽洁	专用设备制造业	标准一 B
832816	索克物业	房地产业	标准一 B

续表

证券代码	证券简称	行业	满足上市标准
832848	昆自股份	专业技术服务业	标准一 B
832859	晨越建管	专业技术服务业	标准一 B
832861	奇致激光	专用设备制造业	标准一 B
832876	慧为智能	计算机、通信和其他电子设备制造业	标准一 B
832894	紫光通信	软件和信息技术服务业	标准二
832896	道有道	互联网和相关服务	标准二
832898	天地壹号	酒、饮料和精制茶制造业	标准一 B
832915	汉尧环保	软件和信息技术服务业	标准一 B
832924	明石创新	专用设备制造业	标准四
832929	雷石集团	软件和信息技术服务业	标准一 A
832950	益盟股份	软件和信息技术服务业	标准二
832954	龙创设计	专业技术服务业	标准一 B
832958	艾芬达	金属制品业	标准一 A
832968	东软股份	房地产业	标准一 A
832982	锦波生物	医药制造业	标准一 A
832996	民生科技	化学原料和化学制品制造业	标准一 B
833024	欣智恒	软件和信息技术服务业	标准一 B
833029	鹏信科技	软件和信息技术服务业	标准四
833030	立方控股	软件和信息技术服务业	标准一 B
833047	天堰科技	仪器仪表制造业	标准四
833075	柏星龙	印刷和记录媒介复制业	标准一 A
833098	新龙生物	化学原料和化学制品制造业	标准一 A
833105	华通科技	科技推广和应用服务业	标准一 A
833120	瑞铁股份	铁路、船舶、航空航天和其他运输设备制造业	标准一 A
833146	双喜电器	金属制品业	标准一 A
833153	剧星传媒	互联网和相关服务	标准一 B
833171	福建国航	水上运输业	标准一 B
833175	浩瀚深度	软件和信息技术服务业	标准一 B

续表

证券代码	证券简称	行业	满足上市标准
833179	南京试剂	化学原料和化学制品制造业	标准一 B
833183	超凡股份	商务服务业	标准一 B
833186	宏远电器	其他制造业	标准一 B
833189	达诺尔	化学原料和化学制品制造业	标准一 A
833197	天晟股份	非金属矿物制品业	标准一 B
833205	博采网络	互联网和相关服务	标准一 B
833222	基业园林	土木工程建筑业	标准一 A
833230	欧康医药	医药制造业	标准二
833239	XD 晨科农	农副食品加工业	标准一 A
833255	西部股份	电气机械和器材制造业	标准一 B
833284	灵鸽科技	通用设备制造业	标准二
833302	羌山农牧	畜牧业	标准一 B
833310	仁新科技	废弃资源综合利用业	标准一 B
833319	比酷股份	商务服务业	标准二
833332	多尔晋泽	专用设备制造业	标准二
833339	胜软科技	软件和信息技术服务业	标准一 A
833346	威贸电子	计算机、通信和其他电子设备制造业	标准一 B
833370	运鹏股份	装卸搬运和运输代理业	标准一 A
833374	东方股份	零售业	标准一 B
833391	建成咨询	专业技术服务业	标准一 A
833414	凡拓创意	软件和信息技术服务业	标准一 B
833423	穗晶光电	计算机、通信和其他电子设备制造业	标准一 B
833440	新鸿运	房地产业	标准一 A
833442	江苏铁科	橡胶和塑料制品业	标准一 B
833444	华恒股份	专用设备制造业	标准一 B
833454	同心传动	汽车制造业	标准一 B
833462	华瑞农业	农业	标准二
833468	双剑股份	通用设备制造业	标准一 A
833478	侨益股份	装卸搬运和运输代理业	标准一 B

续表

证券代码	证券简称	行业	满足上市标准
833532	福慧达	批发业	标准一 B
833533	骏创科技	汽车制造业	标准一 A
833580	科创新材	非金属矿物制品业	标准一 B
833599	营财安保	商务服务业	标准二
833629	合力亿捷	软件和信息技术服务业	标准一 A
833665	清大天达	专用设备制造业	标准一 B
833682	福特科	计算机、通信和其他电子设备制造业	标准一 B
833694	新道科技	软件和信息技术服务业	标准一 A
833713	立德电子	专用设备制造业	标准一 B
833723	三江并流	畜牧业	标准一 B
833751	惠同新材	金属制品业	标准一 A
833757	天力锂能	计算机、通信和其他电子设备制造业	标准一 A
833781	瑞奇智造	金属制品业	标准一 A
833786	超纯环保	生态保护和环境治理业	标准一 A
833827	浩腾科技	软件和信息技术服务业	标准一 A
833839	天波信息	计算机、通信和其他电子设备制造业	标准一 B
833840	永安期货	资本市场服务	标准一 B
833855	三楷深发	化学原料和化学制品制造业	标准一 A
833873	中设咨询	专业技术服务业	标准一 A
833881	一森股份	林业	标准一 A
833896	海诺尔	生态保护和环境治理业	标准一 B
833914	远航合金	有色金属冶炼和压延加工业	标准一 B
833936	百味佳	食品制造业	标准一 B
833943	优机股份	通用设备制造业	标准一 B
833960	华发教育	软件和信息技术服务业	标准一 B
833988	中成发展	专用设备制造业	标准一 B
834014	特瑞斯	专用设备制造业	标准一 B
834019	大自然	化学原料和化学制品制造业	标准一 A
834037	龙盛世纪	软件和信息技术服务业	标准一 A

续表

证券代码	证券简称	行业	满足上市标准
834045	清众科技	软件和信息技术服务业	标准二
834046	金锐同创	软件和信息技术服务业	标准一 B
834058	华洋赛车	铁路、船舶、航空航天和其他运输设备制造业	标准一 B
834062	科润智控	电气机械和器材制造业	标准一 B
834072	德隆股份	汽车制造业	标准一 B
834081	通领科技	汽车制造业	标准一 B
834082	中建信息	批发业	标准一 B
834114	明尚德	非金属矿物制品业	标准一 A
834156	有米科技	互联网和相关服务	标准四
834179	赛科星	畜牧业	标准一 B
834195	华清飞扬	互联网和相关服务	标准四
834209	正合股份	房地产业	标准一 B
834217	斯尔克	化学纤维制造业	标准四
834218	和创科技	软件和信息技术服务业	标准四
834222	迈动医疗	批发业	标准二
834261	一诺威	化学原料和化学制品制造业	标准一 B
834295	虎彩印艺	印刷和记录媒介复制业	标准四
834327	车讯互联	互联网和相关服务	标准一 B
834342	慧云股份	软件和信息技术服务业	标准二
834376	冠新软件	软件和信息技术服务业	标准四
834385	力港网络	互联网和相关服务	标准一 B
834407	驰诚股份	仪器仪表制造业	标准一 A
834410	苏州电瓷	电气机械和器材制造业	标准一 B
834414	源耀农业	农副食品加工业	标准一 B
834418	好买财富	资本市场服务	标准一 B
834425	新赛点	体育	标准一 A
834429	钢宝股份	互联网和相关服务	标准一 B
834443	华路时代	软件和信息技术服务业	标准一 B

续表

证券代码	证券简称	行业	满足上市标准
834476	无限自在	商务服务业	标准一 A
834528	红酒世界	互联网和相关服务	标准二
834534	曼恒数字	软件和信息技术服务业	标准二
834616	京博物流	道路运输业	标准一 B
834639	晨光电缆	电气机械和器材制造业	标准一 B
834678	东方网	互联网和相关服务	标准四
834703	诺得物流	道路运输业	标准四
834791	飞企互联	软件和信息技术服务业	标准一 B
834793	华强方特	娱乐业	标准四
834802	宝贝格子	互联网和相关服务	标准一 B
834845	华腾教育	软件和信息技术服务业	标准一 A
834866	利欣制药	医药制造业	标准一 B
834927	自然科技	家具制造业	标准一 A
834982	远东国兰	农业	标准一 A
835020	山东北辰	专用设备制造业	标准一 B
835037	环球药业	医药制造业	标准一 B
835068	星源农牧	畜牧业	标准一 B
835084	多麦股份	互联网和相关服务	标准一 B
835092	钢银电商	互联网和相关服务	标准一 B
835120	金贸流体	金属制品业	标准一 A
835179	凯德石英	非金属矿物制品业	标准一 B
835181	中阳股份	非金属矿物制品业	标准一 B
835192	电老虎网	互联网和相关服务	标准二
835193	东立科技	生态保护和环境治理业	标准一 B
835207	众诚科技	软件和信息技术服务业	标准一 B
835223	瑞华股份	电力、热力生产和供应业	标准一 A
835233	美味源	食品制造业	标准二
835237	力佳科技	电气机械和器材制造业	标准一 B
835257	晶锐材料	非金属矿物制品业	标准一 A

续表

证券代码	证券简称	行业	满足上市标准
835281	翰林汇	批发业	标准一 B
835291	力尊信通	软件和信息技术服务业	标准一 B
835300	人为峰	批发业	标准一 B
835354	格润牧业	农副食品加工业	标准一 B
835359	百通能源	电力、热力生产和供应业	标准一 B
835363	腾信软创	软件和信息技术服务业	标准一 A
835401	杭摩集团	化学原料和化学制品制造业	标准一 B
835421	绿联智能	计算机、通信和其他电子设备制造业	标准一 A
835425	中科水生	生态保护和环境治理业	标准一 A
835446	汇尔杰	非金属矿物制品业	标准一 A
835473	彦林科技	商务服务业	标准一 A
835483	中大股份	房屋建筑业	标准一 B
835532	思尔特	专用设备制造业	标准一 A
835538	额尔敦	农副食品加工业	标准一 A
835539	中宇万通	软件和信息技术服务业	标准一 B
835605	正业生物	医药制造业	标准一 B
835654	万源生态	土木工程建筑业	标准一 A
835688	平安环保	生态保护和环境治理业	标准一 B
835690	信源信息	软件和信息技术服务业	标准一 B
835692	力王高科	电气机械和器材制造业	标准二
835729	佰能蓝天	生态保护和环境治理业	标准二
835755	创研股份	互联网和相关服务	标准二
835779	康利达	建筑装饰和其他建筑业	标准一 A
835787	海力股份	通用设备制造业	标准一 B
835800	万联城服	房地产业	标准一 A
835834	达伦股份	电气机械和器材制造业	标准二
835849	上海众幸	专用设备制造业	标准一 B
835850	凯欣股份	食品制造业	标准一 B
835852	伊普诺康	医药制造业	标准一 A

续表

证券代码	证券简称	行业	满足上市标准
835857	百甲科技	金属制品业	标准一 B
835859	景鸿物流	装卸搬运和运输代理业	标准一 A
835888	尚阳股份	软件和信息技术服务业	标准四
835911	中农华威	医药制造业	标准一 A
835948	杰外动漫	商务服务业	标准一 B
835960	九易庄宸	专业技术服务业	标准一 B
835961	名品世家	批发业	标准一 B
835963	安人股份	软件和信息技术服务业	标准一 A
835985	海泰新能	电气机械和器材制造业	标准一 B
835995	松赫股份	废弃资源综合利用业	标准一 A
835996	亿源药业	医药制造业	标准二
836012	百姓网	互联网和相关服务	标准四
836027	金晟环保	造纸和纸制品业	标准一 B
836030	金居股份	房屋建筑业	标准一 B
836036	昆仑股份	软件和信息技术服务业	标准四
836052	珠海港昇	电力、热力生产和供应业	标准一 B
836081	西谷数字	计算机、通信和其他电子设备制造业	标准一 B
836106	君逸数码	软件和信息技术服务业	标准一 B
836109	山由帝奥	非金属矿物制品业	标准一 A
836113	春泉园林	土木工程建筑业	标准一 A
836127	亿鑫股份	化学原料和化学制品制造业	标准一 B
836153	明邦物流	装卸搬运和运输代理业	标准一 A
836193	瑞一科技	医药制造业	标准一 B
836208	青矩技术	专业技术服务业	标准一 B
836213	金麒麟	土木工程建筑业	标准一 B
836253	嘉和融通	道路运输业	标准一 B
836260	中寰股份	仪器仪表制造业	标准一 B
836261	闻道网络	互联网和相关服务	标准一 B
836270	天铭科技	通用设备制造业	标准一 B

续表

证券代码	证券简称	行业	满足上市标准
836277	中科恒运	软件和信息技术服务业	标准四
836346	亿玛在线	互联网和相关服务	标准一 B
836348	汇恒环保	生态保护和环境治理业	标准二
836392	博为峰	软件和信息技术服务业	标准一 B
836395	朗鸿科技	计算机、通信和其他电子设备制造业	标准一 A
836419	万德股份	化学原料和化学制品制造业	标准一 B
836422	润普食品	食品制造业	标准一 B
836437	瑞诚科技	化学原料和化学制品制造业	标准一 B
836455	中溶科技	化学原料和化学制品制造业	标准一 B
836464	华成智云	软件和信息技术服务业	标准一 A
836479	泰源环保	生态保护和环境治理业	标准一 B
836521	商客通	软件和信息技术服务业	标准一 B
836610	铠甲网络	互联网和相关服务	标准一 B
836625	宝艺股份	造纸和纸制品业	标准一 B
836645	三瑞农科	农业	标准一 B
836665	胜利监理	专业技术服务业	标准一 B
836703	创一新材	非金属矿物制品业	标准一 B
836717	瑞星股份	专用设备制造业	标准一 B
836720	吉冈精密	有色金属冶炼和压延加工业	标准一 B
836734	唐鸿重工	汽车制造业	标准一 B
836742	大地测绘	专业技术服务业	标准一 A
836780	新之科技	废弃资源综合利用业	标准二
836800	海钰生物	食品制造业	标准一 A
836805	安徽设计	专业技术服务业	标准二
836809	翔龙科技	通用设备制造业	标准一 B
836818	贝恩施	零售业	标准二
836825	国信创新	互联网和相关服务	标准一 A
836871	派特尔	橡胶和塑料制品业	标准一 B
836874	翔晟信息	软件和信息技术服务业	标准一 A

续表

证券代码	证券简称	行业	满足上市标准
836885	恒达时讯	软件和信息技术服务业	标准一 B
836888	来邦科技	计算机、通信和其他电子设备制造业	标准一 B
836930	京城医疗	卫生	标准一 A
836942	恒立钻具	专用设备制造业	标准一 B
836954	鼎集智能	软件和信息技术服务业	标准一 A
836964	航天华世	铁路、船舶、航空航天和其他运输设备制造业	标准一 B
836972	湘泉药业	医药制造业	标准一 B
837022	雄狮装饰	建筑装饰和其他建筑业	标准一 A
837023	芭薇股份	化学原料和化学制品制造业	标准二
837033	金色股份	商务服务业	标准一 A
837046	亿能电力	电气机械和器材制造业	标准一 A
837062	同成医药	化学原料和化学制品制造业	标准一 B
837090	泛谷药业	批发业	标准一 B
837092	汉鑫科技	软件和信息技术服务业	标准一 B
837226	威腾体育	文教、工美、体育和娱乐用品制造业	标准二
837228	华兰海	计算机、通信和其他电子设备制造业	标准一 B
837273	南联环资	废弃资源综合利用业	标准一 B
837326	同方瑞风	通用设备制造业	标准一 A
837331	嘉德股份	通用设备制造业	标准一 B
837341	睿恒数控	通用设备制造业	标准一 A
837353	佳维股份	化学原料和化学制品制造业	标准一 A
837372	泰纳科技	化学原料和化学制品制造业	标准二
837375	丰江电池	电气机械和器材制造业	标准三
837392	天石纳米	化学原料和化学制品制造业	标准一 B
837453	通锦精密	通用设备制造业	标准二
837455	邦盛北斗	软件和信息技术服务业	标准一 B
837510	明辉股份	农、林、牧、渔服务业	标准一 B
837558	宏辉石油	批发业	标准二

续表

证券代码	证券简称	行业	满足上市标准
837567	中兵通信	计算机、通信和其他电子设备制造业	标准一 B
837592	华信永道	软件和信息技术服务业	标准四
837601	天瑞电子	电气机械和器材制造业	标准一 A
837663	明阳科技	汽车制造业	标准一 B
837666	世纪优优	广播、电视、电影和影视录音制作业	标准二
837748	路桥信息	软件和信息技术服务业	标准一 A
837761	创捷传媒	文化艺术业	标准一 A
837796	黑马高科	软件和信息技术服务业	标准一 A
837821	则成电子	计算机、通信和其他电子设备制造业	标准一 B
837833	同科股份	批发业	标准一 B
837840	中电科安	软件和信息技术服务业	标准一 B
837851	至诚复材	非金属矿物制品业	标准一 B
837856	德鲁泰	专用设备制造业	标准一 B
837879	博芳环保	生态保护和环境治理业	标准一 B
837891	浙伏医疗	专用设备制造业	标准一 B
837899	同华科技	生态保护和环境治理业	标准一 B
837919	天维信息	软件和信息技术服务业	标准一 A
837934	神州能源	燃气生产和供应业	标准一 B
837935	创新股份	非金属矿物制品业	标准一 B
837940	品牌联盟	商务服务业	标准一 B
837950	爱信股份	电信、广播电视和卫星传输服务	标准一 B
837953	圣邦人力	商务服务业	标准一 A
837979	噢易云	软件和信息技术服务业	标准一 B
837998	奥华电子	专用设备制造业	标准一 B
838020	科德科技	化学原料和化学制品制造业	标准一 A
838075	安锐信息	商务服务业	标准二
838162	祥龙科技	计算机、通信和其他电子设备制造业	标准一 A
838168	快鱼电子	计算机、通信和其他电子设备制造业	标准一 A
838171	邦德股份	汽车制造业	标准一 B

续表

证券代码	证券简称	行业	满足上市标准
838172	芯诺科技	计算机、通信和其他电子设备制造业	标准一 B
838324	广尔数码	批发业	标准一 A
838334	金证互通	商务服务业	标准一 B
838349	乐舱网	装卸搬运和运输代理业	标准一 B
838394	金润股份	非金属矿物制品业	标准一 B
838402	硅烷科技	化学原料和化学制品制造业	标准一 B
838428	恒实股份	专业技术服务业	标准一 A
838463	正信光电	电气机械和器材制造业	标准四
838484	格蕾特	电气机械和器材制造业	标准二
838504	光环国际	教育	标准一 A
838526	鑫英泰	软件和信息技术服务业	标准一 B
838570	豫王建能	建筑装饰和其他建筑业	标准一 B
838571	宏正设计	专业技术服务业	标准一 B
838593	大唐科技	专用设备制造业	标准一 A
838606	新封生态	土木工程建筑业	标准一 A
838624	文龙中美	专业技术服务业	标准一 A
838641	合佳医药	医药制造业	标准一 B
838659	世珍股份	金属制品业	标准一 B
838670	恒进感应	通用设备制造业	标准一 B
838687	陕通股份	燃气生产和供应业	标准一 B
838740	邦源环保	生态保护和环境治理业	标准一 A
838795	风景园林	土木工程建筑业	标准一 B
838798	瑞星时光	零售业	标准一 B
838804	恒泰科技	电气机械和器材制造业	标准一 A
838849	东岳机械	专用设备制造业	标准一 B
838858	伊斯佳	化学原料和化学制品制造业	标准一 A
838924	广脉科技	软件和信息技术服务业	标准一 B
838997	恒驱电机	电气机械和器材制造业	标准一 A
839030	闽雄生物	农副食品加工业	标准一 B

续表

证券代码	证券简称	行业	满足上市标准
839080	宜净环保	化学原料和化学制品制造业	标准一 A
839085	广东威林	通用设备制造业	标准一 B
839086	圣剑网络	软件和信息技术服务业	标准一 B
839120	壹创国际	专业技术服务业	标准一 B
839123	嘉利通	软件和信息技术服务业	标准一 B
839142	金穗隆	零售业	标准一 B
839164	兴华设计	专业技术服务业	标准一 A
839181	思柏科技	电气机械和器材制造业	标准一 B
839206	睿路传播	商务服务业	标准二
839211	海高通信	软件和信息技术服务业	标准一 A
839216	西施兰	医药制造业	标准一 A
839224	田中科技	橡胶和塑料制品业	标准一 B
839229	欣源股份	电气机械和器材制造业	标准一 B
839275	众信科技	批发业	标准一 A
839281	嘉合智能	建筑安装业	标准一 B
839295	金百汇	新闻和出版业	标准一 B
839373	润华保险	保险业	标准一 A
839391	金恒新材	非金属矿物制品业	标准一 A
839418	控汇股份	计算机、通信和其他电子设备制造业	标准二
839463	时代光影	广播、电视、电影和影视录音制作业	标准二
839483	用友金融	软件和信息技术服务业	标准一 B
839515	护航科技	软件和信息技术服务业	标准一 B
839540	安耐杰	科技推广和应用服务业	标准一 A
839551	远茂股份	商务服务业	标准一 B
839573	瑞铂科技	商务服务业	标准一 A
839574	中瑞医药	批发业	标准一 B
839605	晟琪科技	橡胶和塑料制品业	标准一 B
839622	君信品牌	商务服务业	标准一 A
839655	威星电子	软件和信息技术服务业	标准一 A

续表

证券代码	证券简称	行业	满足上市标准
839680	广道高新	软件和信息技术服务业	标准一 B
839697	锐速智能	电气机械和器材制造业	标准一 A
839719	宁新新材	非金属矿物制品业	标准一 B
839725	惠丰钻石	非金属矿物制品业	标准一 B
839737	鸥玛软件	软件和信息技术服务业	标准一 B
839750	红河谷	专业技术服务业	标准一 A
839768	瑞科汉斯	电气机械和器材制造业	标准一 B
839777	中构新材	金属制品业	标准二
839790	联迪信息	软件和信息技术服务业	标准一 B
839792	东和新材	非金属矿物制品业	标准一 B
839805	中德生物	仪器仪表制造业	标准一 A
839806	赛肯思	专业技术服务业	标准一 A
839821	铭博股份	汽车制造业	标准一 B
839830	晶晟股份	汽车制造业	标准二
839874	伟泰科技	通用设备制造业	标准一 A
839884	大牧汗	农副食品加工业	标准一 B
839909	粤嵌科技	计算机、通信和其他电子设备制造业	标准一 A
839951	用友汽车	软件和信息技术服务业	标准一 B
870009	安捷股份	道路运输业	标准二
870040	思源股份	软件和信息技术服务业	标准一 A
870053	北方时代	专业技术服务业	标准一 A
870123	安邦电气	电气机械和器材制造业	标准一 A
870140	人人游戏	互联网和相关服务	标准一 A
870145	光博士	专用设备制造业	标准一 A
870156	瑜欣电子	通用设备制造业	标准一 B
870168	博源股份	电气机械和器材制造业	标准一 A
870204	沪江材料	橡胶和塑料制品业	标准一 B
870225	华聪股份	专业技术服务业	标准一 B
870260	邦力达	计算机、通信和其他电子设备制造业	标准一 A

续表

证券代码	证券简称	行业	满足上市标准
870298	中网华信	软件和信息技术服务业	标准一 B
870299	灿能电力	仪器仪表制造业	标准一 B
870309	中天新能	电气机械和器材制造业	标准一 A
870355	建院股份	土木工程建筑业	标准一 B
870370	西部重工	通用设备制造业	标准二
870381	七九七	计算机、通信和其他电子设备制造业	标准一 B
870382	浦漕科技	电气机械和器材制造业	标准一 B
870417	华西易通	非金属矿物制品业	标准一 A
870436	大地电气	汽车制造业	标准一 B
870487	环威股份	电气机械和器材制造业	标准一 B
870505	隆济时	非金属矿物制品业	标准一 A
870508	丰安股份	通用设备制造业	标准一 B
870512	索拉特	非金属矿物制品业	标准一 B
870536	快达农化	化学原料和化学制品制造业	标准一 B
870558	富润科技	化学原料和化学制品制造业	标准一 A
870583	一天电气	电气机械和器材制造业	标准一 B
870643	天祥集团	房屋建筑业	标准一 B
870706	精标科技	软件和信息技术服务业	标准一 A
870801	皖创环保	生态保护和环境治理业	标准一 A
870840	鼎欣科技	软件和信息技术服务业	标准一 B
870844	金浔股份	有色金属冶炼和压延加工业	标准一 B
870866	绿亨科技	农业	标准一 B
870892	杭州路桥	土木工程建筑业	标准一 B
870970	常熟古建	土木工程建筑业	标准一 B
870984	新荣昌	生态保护和环境治理业	标准一 B
870992	中百信	软件和信息技术服务业	标准一 B
871003	卓力昕	互联网和相关服务	标准二
871005	太环股份	生态保护和环境治理业	标准一 A
871037	天和环保	专用设备制造业	标准一 A

续表

证券代码	证券简称	行业	满足上市标准
871082	龙翔药业	医药制造业	标准一 A
871129	天济草堂	医药制造业	标准一 B
871167	合顺兴	化学原料和化学制品制造业	标准一 B
871169	蓝耘科技	软件和信息技术服务业	标准一 B
871181	嘉缘花木	土木工程建筑业	标准一 B
871229	合力创新	软件和信息技术服务业	标准一 B
871245	威博液压	通用设备制造业	标准一 A
871248	东元环境	生态保护和环境治理业	标准一 A
871282	关爱通	商务服务业	标准一 B
871298	华浩环保	生态保护和环境治理业	标准一 B
871308	旺峰肉业	农副食品加工业	标准一 A
871336	裕龙农牧	畜牧业	标准一 B
871412	鸿泰时尚	纺织服装、服饰业	标准一 B
871417	华建股份	非金属矿物制品业	标准一 B
871424	景古环境	土木工程建筑业	标准一 B
871481	中运科技	互联网和相关服务	标准一 B
871529	鼎峰科技	非金属矿物制品业	标准一 B
871540	飞利达	批发业	标准一 B
871556	埃文低碳	商务服务业	标准二
871634	新威凌	有色金属冶炼和压延加工业	标准一 A
871655	知行股份	土木工程建筑业	标准一 B
871691	易景环境	生态保护和环境治理业	标准一 A
871694	中裕科技	橡胶和塑料制品业	标准一 B
871700	飞宇电力	建筑安装业	标准二
871753	天纺标	专业技术服务业	标准一 B
871791	修路人	非金属矿物制品业	标准一 A
871823	XD 天启新	化学原料和化学制品制造业	标准一 B
871857	泓禧科技	计算机、通信和其他电子设备制造业	标准一 B
871866	力源电力	电气机械和器材制造业	标准二

续表

证券代码	证券简称	行业	满足上市标准
871874	博纳斯威	通用设备制造业	标准一 B
871927	闽威实业	渔业	标准一 B
871936	金洁水务	水的生产和供应业	标准一 B
871952	国创节能	化学原料和化学制品制造业	标准一 B
871954	朝霞文化	新闻和出版业	标准一 B
871970	大禹生物	食品制造业	标准一 B
871981	晶赛科技	计算机、通信和其他电子设备制造业	标准一 B
871992	恒康药房	零售业	标准一 B
872006	自然种猪	畜牧业	标准一 B
872049	天诚通信	计算机、通信和其他电子设备制造业	标准一 B
872100	宏基新材	非金属矿物制品业	标准二
872145	东日环保	水的生产和供应业	标准一 B
872149	睿中实业	计算机、通信和其他电子设备制造业	标准一 A
872161	风行测控	科技推广和应用服务业	标准一 B
872170	盛达科技	软件和信息技术服务业	标准一 A
872190	雷神科技	计算机、通信和其他电子设备制造业	标准一 B
872199	宇洪科技	电气机械和器材制造业	标准一 B
872204	博可生物	食品制造业	标准一 A
872230	青岛积成	软件和信息技术服务业	标准一 B
872247	银山股份	农、林、牧、渔服务业	标准一 B
872249	金米特	铁路、船舶、航空航天和其他运输设备制造业	标准一 B
872267	金发股份	房地产业	标准一 A
872272	华达建业	专业技术服务业	标准一 B
872304	天浩科技	汽车制造业	标准一 A
872325	丽宫食品	酒、饮料和精制茶制造业	标准二
872337	卓奥科技	计算机、通信和其他电子设备制造业	标准一 A
872351	华光源海	装卸搬运和运输代理业	标准一 A
872374	云里物里	计算机、通信和其他电子设备制造业	标准一 A

续表

证券代码	证券简称	行业	满足上市标准
872376	农好股份	农副食品加工业	标准一 B
872392	佳合科技	造纸和纸制品业	标准一 B
872417	荣骏检测	专业技术服务业	标准一 B
872504	新日月	房地产业	标准一 B
872511	智林股份	软件和信息技术服务业	标准一 B
872515	启创环境	生态保护和环境治理业	标准一 B
872516	时代银通	软件和信息技术服务业	标准一 B
872522	腾飞人才	商务服务业	标准一 A
872538	喜跃发	非金属矿物制品业	标准一 A
872559	长河科技	软件和信息技术服务业	标准二
872568	鸿润食品	农副食品加工业	标准一 B
872595	海通期货	资本市场服务	标准一 B
872598	中物网	互联网和相关服务	标准二
872610	妙音动漫	广播、电视、电影和影视录音制作业	标准一 B
872632	钢劲型钢	金属制品业	标准一 A
872665	交设股份	专业技术服务业	标准一 B
872668	景弘盛	电气机械和器材制造业	标准一 B
872677	天朔医疗	专用设备制造业	标准一 B
872748	凯凯农科	农业	标准一 B
872753	宏宇环境	专业技术服务业	标准一 B
872757	晋龙股份	畜牧业	标准四
872759	玮硕恒基	计算机、通信和其他电子设备制造业	标准一 B
872799	益康药业	医药制造业	标准一 A
872808	曙光数创	通用设备制造业	标准一 B
872868	四零七	卫生	标准一 B
872888	如石股份	专用设备制造业	标准一 B
872895	花溪科技	专用设备制造业	标准一 B
872896	新威环境	其他服务业	标准二
872967	蓉中电气	电气机械和器材制造业	标准一 B

续表

证券代码	证券简称	行业	满足上市标准
872986	东方世纪	软件和信息技术服务业	标准一 A
873017	渝欧跨境	零售业	标准一 B
873033	康远股份	农副食品加工业	标准一 A
873043	云科数据	软件和信息技术服务业	标准一 A
873053	荣程新材	批发业	标准二
873063	鑫凯瑞	软件和信息技术服务业	标准一 B
873083	博菱电器	电气机械和器材制造业	标准一 B
873085	春晖园林	土木工程建筑业	标准一 B
873087	友诚科技	电气机械和器材制造业	标准一 A
873111	攸特电子	计算机、通信和其他电子设备制造业	标准二
873116	朗晖化工	批发业	标准一 B
873122	中纺标	专业技术服务业	标准一 B
873167	新赣江	医药制造业	标准一 B
873169	七丰精工	通用设备制造业	标准一 B
873223	荣亿精密	通用设备制造业	标准一 A
873239	科苑生物	化学原料和化学制品制造业	标准一 B
873305	九菱科技	金属制品业	标准一 B
873312	佳能科技	金属制品业	标准一 A
873331	东海长城	批发业	标准一 B
873359	威宁能源	电力、热力生产和供应业	标准二
873366	凯利核服	商务服务业	标准一 B
873390	中延菌业	农业	标准一 A
873391	华阳制动	汽车制造业	标准二
873425	隆基电磁	专用设备制造业	标准一 B
873433	齐鲁云商	互联网和相关服务	标准一 B
873459	鼎丰股份	木材加工和木、竹、藤、棕、草制品业	标准一 B
873469	银杉股份	非金属矿物制品业	标准一 A
873495	思创科技	软件和信息技术服务业	标准一 A
873496	峭云信息	软件和信息技术服务业	标准一 B

续表

证券代码	证券简称	行业	满足上市标准
873500	博克斯	仪器仪表制造业	标准一 B
873510	三新股份	化学原料和化学制品制造业	标准一 B
873520	华友文保	文化艺术业	标准一 A
873527	夜光明	化学原料和化学制品制造业	标准一 A
873576	天力复合	畜牧业	标准一 B
873577	菲尔特	金属制品业	标准一 A
873599	振通检测	专业技术服务业	标准一 A

四、专精特新企业投资机会

（一）专精特新的概念

“专精特新”中小企业是指具有专业化、精细化、特色化、新颖化等四大特征的中小企业，即专注于产业链上某个环节的中小企业，而专精特新“小巨人”企业则是“专精特新”中小企业中的佼佼者，是专注于细分市场、创新能力强、市场占有率高、掌握关键核心技术、质量效益优的排头兵企业。

“专”，即专业化，指专注核心业务，具有专业化生产、服务和协作配套的能力，为大企业、大项目和产业链提供零部件、元器件、配套产品和配套服务。

“精”，即精细化，指具备精细化生产、精细化管理、精细化服务，以美誉度高、性价比好、品质精良的产品和服务在细分市场中占据优势。

“特”，即特色化，指采用独特的工艺、技术、配方或特殊原料进行研制生产，产品或服务具有独特性、独有性、独家性特点，掌握自主知识产权。

“新”，即新颖化，指开展技术创新、管理创新和商业模式创新，通过行业的交叉融合提供新的产品或服务，具有“新技术、新产业、新业态、新模式”等四新经济发展特征。

（二）专精特新的政策演变

2011 年 7 月 14 日，工业和信息化部总工程师朱宏任在全国中小企业信息化推进工作会议上指出，“仅有大企业是不够的，还要培育一大批专精特新、充满活力的中小企业”，这是国内首次提出“专精特新”概念。

2011 年 9 月 23 日，工业和信息化部发布的《“十二五”中小企业成长规划》中，把“专精特新”作为“十二五”时期促进中小企业成长的基本原则之一。

2012 年 4 月 26 日，国务院发布《关于进一步支持小型微型企业健康发展的意见》，首次提出“鼓励小型微型企业发展现代服务业、战略性新兴产业、现代农业和文化产业，走‘专精特新’和与大企业协作配套发展的道路，加快从要素驱动向创新驱动的转变”。

2013 年 7 月 16 日，工业和信息化部出台《关于促进中小企业“专精特新”发展的指导意见》，要求加强对“专精特新”中小企业的培育和支持。

2018 年 11 月 26 日，工业和信息化部发布了《关于开展专精特新“小巨人”企业培育工作的通知》，要求培育一批专精特新“小巨人”企业。

2020 年 7 月，工业和信息化部联合 16 个部门发布的《关于健全支持中小企业发展制度的若干意见》提出“完善支持‘专精特新’中小企业发展机制，健全‘专精特新’中小企业、‘专精特新小巨人’企业和制造业单项冠军企业梯度培育体系、标准体系和评价机制”。

2021 年 1 月 23 日，财政部、工业和信息化部联合发布《关于支持“专精特新”中小企业高质量发展的通知》，明确“十四五”期间中央财政累计安排 100 亿元以上奖补资金，支持1 000余家国家级“专精特新”中小企业发展。

2021 年 3 月 12 日，银保监会发布《关于 2021 年进一步推动中小微企业金融服务高质量发展的通知》，给予“专精特新”小微企业资金政策支持。

2021 年 4 月 25 日，“十四五”规划提出：推动中小企业提升专业优势，培育专精特新“小巨人”企业和制造业单项冠军企业。

2021 年 7 月 30 日，政治局会议提出加快解决“卡脖子”难题，发展“专精特新”中小企业。

（三）专精特新的认定标准

北交所将重点立足于“专精特新”中小企业，促进新兴产业发展，但专精特新企业并非北交所认定的，而是各省市根据国家和各地政策自行认定，按申报级别分为市级、省级、国家级、专精特新“小巨人”四大类，认定标准逐级提高。当前，在我国4 000多万家中小企业中，有约 11.3 万家专精特新培育企业、4 万多家省市级专精特新企业、4 000多家专精特新“小巨人”企业、596 家单项冠军企业。“十四五”期间，工业和信息化部将形成“百十万千”专精特新企业群体，通过“双创”带动百万家创新型中小企业、10 万家省市级的专精特新企业、1 万多家专精特新“小巨人”企业，以及1 000家单项冠军企业。

“专精特新”的申报条件总体上符合国家相关条件要求，但认定标准也存在一定差异。根据地区实际情况及发展需要，“专精特新”申报条件有所调整和创新。具体来说，国家及各省市“专精特新”企业申报条件及政策文件如下：

1. 国家

国家关于专精特新“小巨人”企业的认定标准主要包括《关于开展专精特新“小巨人”企业培育工作的通知》（工信厅企业函〔2018〕381 号）、《关于开展第二批专精特新“小巨人”企业培育工作的通知》（工信厅企业函〔2020〕159 号）、《关于开展第三批专精特新“小巨人”企业培育工作的通知》（工信厅企业函〔2021〕79 号）。从历年认定标准来看，是在不断发生变化的，整体来看认定标准有逐步降低和简化的倾向。

以《关于开展第三批专精特新“小巨人”企业培育工作的通知》为例，国家标准如下：

（1）基本条件

①在中华人民共和国境内工商注册登记、连续经营 3 年以上、具有独

立法人资格、符合《中小企业划型标准规定》(工信部联企业〔2011〕300号)的中小企业，且属于省级中小企业主管部门认定或重点培育的“专精特新”中小企业或其他创新能力强、市场竞争优势突出的中小企业。

②坚持专业化发展战略，长期专注并深耕于产业链某一环节或某一产品，能为大企业、大项目提供关键零部件、元器件和配套产品，或直接面向市场并具有竞争优势的自有品牌产品。

③具有持续创新能力和研发投入，在研发设计、生产制造、市场营销、内部管理等方面不断创新并取得比较显著的效益，具有一定的示范推广价值。

④重视并实施长期发展战略，公司治理规范、信誉良好、社会责任感强，生产技术、工艺及产品质量性能国内领先，注重绿色发展，加强人才队伍建设，有较好的品牌影响力，具备发展成为相关领域国际知名企业的潜力。

有下列情况之一的企业，不得被推荐：申请过程中提供虚假信息的，近3年发生过重大安全、质量、环境污染事故的，有偷漏税或其他违法违规、严重失信行为的。

(2) 专项条件

①经济效益。截至上年末的近2年主营业务收入或净利润的平均增长率达到5%以上，企业资产负债率不高于70%。

②专业化程度。截至上年末，企业从事特定细分市场时间达到3年及以上；主营业务收入占营业收入达70%以上；主导产品在细分市场占有率位于全省前3位，且在国内细分行业中享有较高知名度和影响力。

③创新能力。企业拥有有效发明专利(含集成电路布图设计专有权，下同)2项或实用新型专利、外观设计专利、软件著作权5项及以上；自建或与高等院校、科研机构联合建立研发机构，设立技术研究院、企业技术中心、企业工程中心、院士专家工作站、博士后工作站等；企业在研发设计、生产制造、供应链管理等环节，至少1项核心业务采用信息系统支撑。

④经营管理。企业拥有自主品牌；取得相关管理体系认证，或产品生产执行国际、国内、行业标准，或是产品通过发达国家和地区产品认证

（国际标准协会行业认证）。

（3）分类条件

①上年度营业收入在1亿元及以上，且近2年研发经费支出占营业收入比重不低于3%。

②上年度营业收入5 000万元（含）至1亿元（不含），且近2年研发经费支出占营业收入比重不低于6%。

③上年度营业收入不足5 000万元，同时满足近2年内新增股权融资额（实缴）8 000万元（含）以上，且研发投入经费3 000万元（含）以上，研发人员占企业职工总数比例50%（含）以上，创新成果属于重点领域细分行业关键技术，并有重大突破。

2. 北京

根据《关于开展2021年北京市“专精特新”中小企业自荐工作的通知》，北京市标准如下：

（1）基本条件（须同时符合）

①在北京市内工商注册登记并连续经营2年以上，具有独立法人资格的中型、小型和微型企业，企业的划型按照《中小企业划型标准规定》（工信部联企业〔2011〕300号）执行。

②符合北京市城市战略定位和产业发展政策，优先支持十大高精尖产业和硬科技产业。

③上年度企业主营业务收入占营业收入比重50%以上。

④近3年无严重违法违规行为、失信行为，且未发生过安全、质量、环境污染事故。

（2）经营条件（须符合下列条件之一）

①营业收入。上年度企业营业收入达到1 500万元及以上。

②净利润。近2年企业净利润累计不低于600万元。

③企业估值。企业最新一轮融资估值不低于1亿元。

（3）创新能力

①主导产品属于产业链“卡脖子”环节，或属于关键领域“补短板”，或属于填补国内（国际）空白，或有效实现进口产品替代。

②获得与主导产品（服务）相关的授权发明专利数量，首台（套）产品认定，新技术新产品的数量（包括在研创新药、改良型新药和生物类似药Ⅱ期、Ⅲ期临床批件数量和药品批准文号等数量）。

③获得与主导产品（服务）相关的其他知识产权数量（如软件著作权，实用新型、外观专利等）。

④近 2 年研发经费支出占营业收入的比重均不低于 5%。

⑤上年度研发费用投入不低于 100 万元。

（4）专业化程度

①主导产品通过发达国家和地区的认证（国际标准协会行业认证）。

②企业拥有自主品牌。

③企业为龙头企业、大企业或重点工程项目提供配套产品（服务），并签订合同协议。

（5）精细化程度

①企业获得技术、质量、工程、环保、安全等资质或资格认定。

②企业至少 1 项核心业务采用信息系统支撑，或业务系统云端迁移。

（6）激励条件

①近 2 年主营业务平均增长率 10%以上，或近 2 年净利润平均增长率 10%以上。

②近 2 年企业主持或参与制（修）订相关领域国际标准、国家标准、行业标准或地方标准数量，或近 2 年主持或参与国家重大科研课题数量。

③企业自建或与高校、科研机构联合建立研发机构（技术研究院、企业技术中心、企业工程中心、院士专家工作站、博士后工作站等）。

④有上市计划（已向证监局提交 IPO 申请并获受理；或已签订保荐机构）（含新三板精选层）。

3. 上海

根据《上海市关于组织推荐 2021 年度“专精特新”企业的通知》，上海市标准如下：

（1）基本条件（须同时符合）

①在本市进行工商注册登记、连续经营 3 年以上并具有独立法人资格。

②企业上年度营业收入不少于 1 000 万元。

③近 2 年研发经费支出占营业收入的比例不低于 3%。

④符合本市城市战略定位和产业发展政策，优先支持“3+6”重点产业体系。

（2）专项条件

①专业化。上年度主营业务收入占营业收入达 70%以上，在行业细分市场领域内处于全市前三位或全国前十位；近 2 年营业收入或净利润的平均增长率达到 5%以上。

②精细化。拥有在有效期内的发明专利 1 项以上（含 1 项），或实用新型专利或软件著作权 3 项以上（含 3 项），自建或与高等院校、科研机构联合建立研发机构，设立技术研究院、企业技术中心、企业工程中心、院士专家工作站、博士后工作站等。

③特色化。近 2 年内主持或者参与制（修）订国家标准或行业标准；企业拥有自主品牌，或获得区级（含）以上质量奖、质量标杆企业等。

④新颖化。符合“新技术、新产业、新业态、新模式”等发展特征，具有一定规模的估值和融资吸引力，近 2 年内新增股权融资额（实缴）累计超过2 000万元。

（3）限制条件

有下列情况之一的企业，不得确定为本市“专精特新”企业，已确定为“专精特新”企业的，取消其资格：

①在申报或复核过程中提供虚假信息的。

②近 3 年发生过重大安全、质量、环境污染事故的。

③近 3 年有偷税、漏税行为以及其他重大违法违规行为的。

4. 广东

根据《广东省工业和信息化厅关于组织开展 2021 年专精特新中小企业遴选工作的通知》，广东省标准如下：

（1）申报省专精特新企业应同时符合下列基本条件

①依法在广东省境内登记设立，具有独立企业法人资格，符合《中小企业划型标准规定》（工信部联企业〔2011〕300 号）的中小企业。

②企业主营业务和发展重点符合国家产业政策及相关要求，具备健全的财务会计核算和管理制度。

③企业上年末总资产：珠三角核心区须达3 000万元以上，沿海经济带的东西两翼地区、北部生态发展区须达2 000万元以上。企业上年度营业收入：珠三角核心区须达3 000万元以上，沿海经济带的东西两翼地区、北部生态发展区须达2 000万元以上。该指标要求对于优先遴选领域的参评企业可适当降低不超过 20%。

④企业近 2 年的主营业务收入为正增长且年平均增长率达到 15%以上，利润总额为正数。该指标要求对于优先遴选领域的参评企业可适当降低不超过 20%。

⑤企业近 2 年的研发投入占销售收入的比重达到 3%以上。

（2）应满足以下至少一类评价指标

①专业化评价指标。企业专注并深耕于产业链中某个环节或某个产品，主导产品为大企业、大项目的关键零部件、元器件或重要配套产品。从事特定细分市场时间达到 2 年及以上，主营业务收入占营业收入的 75%以上；或拥有行业领军人才、省市引进的高层次人才，珠三角核心区的企业本科以上学历或中级以上职称员工数占企业员工总数的 40%以上，沿海经济带的东西两翼地区、北部生态发展区的企业本科以上学历或中级以上职称员工数占企业员工总数的 30%以上。

②精细化评价指标。企业管理规范、信誉良好、社会责任感强。取得相关质量管理体系、知识产权管理体系认证；拥有自主品牌；产品生产执行标准达到国际或国内先进水平，未有标准除外；已建立规范化的顾客满意度测评机制或产品追溯体系。

③特色化评价指标。企业具有行业或区域的独特性。拥有地域特色的产品或服务，且能利用特有的资源进行研发生产；掌握独有、可持续的工艺、技术或配方；拥有有效期内的“中华老字号”、驰名商标、省级以上名牌产品。

④新颖化评价指标。企业具有持续创新能力，并取得比较明显的成效。获得 2 项与主要产品相关的发明专利；或 10 项以上与主要产品相关的

实用新型专利；或主持（参与）制（修）订相关业务领域国际标准、国家标准、行业标准、团体标准；或设立博士后工作站，市级（含）以上企业技术中心、技术研究院、企业工程中心等。

5. 深圳

根据《深圳市工业和信息化局专精特新中小企业遴选办法》，深圳市标准如下：

（1）申报“专精特新”企业应同时符合下列基本条件

①依法在深圳市（含深汕特别合作区）登记设立2年以上，具有独立企业法人资格的中小企业。

②企业主营业务和发展重点符合国家产业政策及相关要求，具备健全的财务会计核算和管理制度。

③上一年度营业收入1 000万元以上。

④上一年度营业收入增长率不低于15%，或近2年主营业务收入或净利润的平均增长率不低于10%。

⑤企业近2年的研发投入占销售收入的比重达到3%以上。

以上第三、第四项指标要求，对于优先遴选领域的参评企业，获得国家、省、市科技进步奖、质量奖企业，“创客中国”深圳市专精特新企业创新创业大赛获奖企业及其他创新能力强、发展前景好的企业，可适当降低标准不超过50%。

（2）申报“专精特新”企业还应满足以下至少一类评价指标

①专业化（主营业务专注专业）评价指标。企业专注核心业务，具备专业化生产、服务和协作配套的能力，其产品和服务在产业链某个环节中处于优势地位，为大企业、大项目和产业链提供优质零部件、元器件、配套产品和配套服务。从事特定细分市场时间达到2年及以上，主营业务收入占营业收入的70%以上；其产品和服务在产业链某个环节中处于优势或关键地位；或在细分市场占有率在全国或省市前列；或拥有行业领军人才、省市引进的高层次人才，企业本科以上学历或中级以上职称员工数占企业员工总数的40%以上。

②精细化（经营管理精细高效）评价指标。企业经营管理精细高效，

在经营管理中建立了精细高效的制度、流程和体系，实现了生产精细化、管理精细化、服务精细化，形成核心竞争力，其产品或服务品质精良。取得相关质量管理体系、知识产权管理体系等国际国内通行的管理体系认证；采用先进管理方式，例如5S管理、卓越绩效、ERP、CRM、SCM等；产品生产执行标准达到国际或国内先进水平（未有国际或国内标准除外），或产品通过国际国内通行的质量、安全或品质等认证；或已建立规范化的顾客满意度测评机制或产品追溯体系。

③特色化（产品服务独具特色）评价指标。企业针对特定市场或特定消费群体，利用特色资源、传统技艺、地域文化或采用独特的工艺、技术、配方或特殊原料进行研制生产或提供独具特色的产品或服务，具有独特性、独有性、独家生产特点，有较强影响力和品牌知名度。拥有自主品牌；企业实施系统化品牌培育战略并取得良好绩效；拥有或有效期内的“中华老字号”、驰名商标、省级以上名牌产品；或获得“工业品牌培育示范企业”等国家、省市工信主管部门颁发的质量品牌荣誉称号。

④新颖化（创新能力成果显著）评价指标。企业具有持续创新能力，并取得比较明显的成效，企业产品或服务属于新经济、新产业领域或新技术、新工艺、新创意、新模式等方面创新成果，拥有自主知识产权，应用前景广阔，具备较高技术含量或附加值，经济社会效益显著，具有良好的发展潜力。获得1项与主要产品相关的发明专利或PCT国家专利申请（已公布）；或5项以上与主要产品相关的实用新型专利或软件著作权或集成电路布图设计专有权；或主持（参与）制（修）订相关业务领域国际标准、国家标准、行业标准、团体标准；或设立博士后工作站，市级（含）以上企业技术中心、技术研究院、企业工程中心等。

6. 四川

根据《四川省“专精特新”中小企业认定管理办法》，四川省标准如下：

（1）企业基本条件

①在四川省辖区内登记注册并已经营3年及以上，具有独立法人资格，具有健全的组织机构、管理制度和独立的财务核算制度，企业经营状况良

好，创新能力强、市场竞争优势突出的中小企业。重点培育“5+1”现代工业体系、“4+6”现代服务业体系、“10+3”现代农业体系以及特色优势产业等省委、省政府确立的重要领域中的中小企业。优先培育主导产品属于《工业“四基”发展目录》所列重点领域或制造强国战略十大重点产业领域，或属于关键领域“补短板”、关键核心技术攻关、填补国内空白（国际空白），或与重点行业龙头企业协同创新、产能共享、供应链互通的中小企业。

②成都平原经济区的企业上年末年度营业收入2 000万元以上，川南、川东北和攀西经济区的企业上年末年度营业收入 1 500 万元以上，川西北生态示范区的企业上年末年度营业收入 1 000 万元以上。革命老区、少数民族地区、边远山区或贫困地区企业可适当放宽条件。

③企业近 2 年的营业收入保持正增长，企业资产负债率不高于 80%。

④企业近 2 年的研发投入占营业收入的比重达到 1.5%以上，从事研发和相关技术创新活动的科技人员占企业职工总数的比例不低于 10%。

⑤节能、环保和安全生产等符合国家和四川省相关规定，银行信用、纳税信用和社会信用良好，依法规范缴纳各项社会保险，近 2 年内未发生重大安全、稳定、质量、环境污染事故。

（2）认定基本标准

①专业化指标。企业专注于产业链中某个领域或环节，主导产品（服务）为大企业、大项目的关键零部件、元器件、新材料或重要配套产品（服务）。从事特定细分市场时间达到 3 年及以上，主导产品（服务）销售收入占营业收入的 60%以上。成都平原经济区的企业拥有大专及以上学历员工数或拥有中级以上专业技术职称员工数应占企业员工总数的 35%以上，其他地区企业应在 20%以上。

②精细化指标。企业管理规范、信誉良好、社会责任感强。企业建立精细高效的管理制度和流程，取得相关质量管理体系认证；开展精细化生产、精细化管理、精细化服务，管理效益突出、降本增效显著，产品品牌和服务美誉度高、性价比好、品质精良，在细分市场具有一定的比较优势。

③特色化指标。企业具有行业或区域的独特性。拥有地域特色的产品或服务，且能利用特有的资源进行研发生产；掌握独有、可持续的工艺、技术或配方，生产具有地方或企业特色的产品，具备区别于其他同类产品的独立属性；企业拥有“中华老字号”、非物质文化遗产、地理标志商标或被认定为省级及以上首台（套）、首版（次）、首批（次）产品等自主品牌。

④新颖化指标。企业具备完成技术创新任务所必备的技术开发仪器设备条件或环境（设立技术研究院、院士专家工作站、博士后工作站，企业技术中心、企业工程中心、工程技术研究中心等），具有持续创新能力，并取得比较明显的成效。拥有与主要产品相关的有效发明专利（含集成电路布图设计专有权）2 项及以上，或与主要产品相关的实用新型专利/外观设计专利/软件著作权 5 项及以上，或授权植物新品种权 3 件及以上；或主持（参与）制（修）订相关业务领域国际标准、国家标准、行业标准等。

7. 浙江

根据《浙江省经济和信息化委员会关于培育隐形冠军，促进中小企业“专精特新”发展的通知》，浙江省标准如下：

（1）入库培育条件

纳入隐形冠军培育库的企业，应符合以下条件：

①在省内注册登记，符合《中小企业划型标准规定》（工信部联企业〔2011〕300 号）的中小微企业范畴，年营业收入在 3 亿元以下。近 3 年内无重大安全生产、质量、环保事故发生和不良诚信记录。

②企业具有良好的成长性，属于国家和省重点鼓励发展的产业、产品和技术领域中的企业，《中国制造 2025 浙江行动纲要》明确的 11 类产业发展重点的企业优先入库培育。

③长期专注并深耕于产业链中某个环节或某个产品，企业主导产品在国内细分行业中拥有较高的市场份额，或是与大型企业形成协作配套关系，有相关证明材料或其他印证材料。

④能够提供高品质的产品和服务，企业产品质量高于国家标准（包括行业标准、团体标准）。开展精益生产和精益管理，企业内部建立较为先

进的质量管理控制体系，采用信息化手段提高企业生产管理水平。

⑤注重特色化生产和经营，采用独特的工艺、技术、配方或特殊原料进行生产（或提供特色化的销售服务），企业有自主品牌，拥有自主知识产权的产品或技术。

⑥具有持续创新能力，能快速应对市场需求，在企业研发设计、生产制造、市场营销、内部管理等领域或环节实施创新，取得比较显著的效益，具有一定的示范推广价值。

（2）隐形冠军企业标准

确认为隐形冠军企业的，在符合入库培育条件的同时，应达到以下指标中至少2项以上：

①专注生产指标：实施专一化发展战略，单个产品细分市场占有率排名国内前列，或是主要产品为国内外知名企业直接配套，并成为主要供应商。主要产品销售额占企业全部销售70%以上（如有多个主要产品的，产品之间应有直接关联性）。

②精品制造指标：产品品质在业内得到公认，产品执行标准达到国际先进水平，或是产品通过发达国家和地区的产品认证（国际标准协会行业认证）；建立规范化的顾客满意度评测机制或是产品追溯体系。通过“浙江制造”认证，被评为浙江制造精品、浙江名牌产品、省管理创新示范企业或是获得省管理创新奖、地市级以上政府质量奖的，优先确认。

③特色发展指标：参与制订国际标准、国家标准，或牵头制订团体标准；企业获得的外观设计、实用新型、发明专利、软件著作产权数量，或是经权威部门认定的专有技术数量，在同行业企业中领先。企业具有省级首台（套）产品、省著名商标的，优先确认。

④持续创新指标：最近3年的研发经费支出占主要产品销售收入的比重（原则上≥3%）、新产品产值率（原则上≥40%）在同行业中名列前茅。企业被评定为高新技术企业、省级企业技术中心、省级创新型企业，或是获得省级以上科技类荣誉称号或奖项的，优先确认。

8. 天津

根据《天津市工业和信息化局关于开展第一批天津市“专精特新”种

子企业申报工作的通知》，天津市标准如下：

（1）必备条件

①在天津市工商注册登记、连续经营1年以上（2019年12月31日前登记注册），具有独立法人资格，符合《中小企业划型标准规定》（工信部联企业〔2011〕300号）的工业中小企业。

②符合国家和天津市的产业政策发展方向，坚持专业化发展，有持续的研发和创新能力。

③以下条件满足其一即可申报：

企业2020年营业收入不少于300万元，且2019年、2020年两年营业收入或净利润平均增长率达到10%及以上；企业2020年营业收入不少于500万元，且2019年、2020年两年营业收入或净利润平均增长率达到5%及以上；仅经营一年的企业，营业收入不少于500万元，不考核增长率。

④企业2020年主营业务收入占本企业营业收入的50%及以上。

⑤管理规范、信誉良好（包括企业、企业法人和企业实际控制人信用良好）、社会责任感强，有健全的财务制度，运营情况良好，2020年底企业资产负债率不高于70%。

有下列情况之一的企业，不得被推荐：申请过程中提供虚假信息的，2019年以来发生过安全、质量、环境污染事故的，有偷漏税和其他违法违规、失信行为的。

（2）可选条件

①企业主导产品享有较高知名度，且细分市场占有率在全国或本市名列前茅（如有多个主要产品的，产品之间应有直接关联性）。

②2019年、2020年企业研发经费支出占营业收入比重均超过3%。

③2020年底，从事研发和相关技术创新活动的科技人员占企业职工总数的比例不低于10%。

④2018年以来，至少获得1项与主要产品相关的发明专利，或3项及以上实用新型专利、外观设计专利或软件著作权，企业具有自主知识产权的核心技术和科技成果，具备良好的科技成果转化能力。

⑤产品具有执行标准，并通过取得国家或省级资质认定的检测机构、

国际标准检测组织在中国授权的检测机构的检测，产品质量符合相关标准。

⑥2019 年以来企业主持或者参与制（修）订至少 1 项相关业务领域国际标准、国家标准、行业标准、地方标准或团体标准。

⑦企业设立研发机构，具备完成技术创新任务所必备的技术开发仪器设备条件或环境（设立技术研究院、企业技术中心、企业工程中心、院士专家工作站、博士后工作站、重点实验室、国家地方联合工程研究中心等）。

⑧企业有完整的精细化管理方案，取得相关质量管理体系认证，采用先进的企业管理方式，如 5S 管理、卓越绩效管理、ERP、CRM、SCM 等。

⑨企业实施系统化品牌培育战略并取得良好绩效，拥有自主品牌。

⑩企业产品生产执行标准达到国际国内或本市先进水平，或是产品通过发达国家和地区的产品认证（国际标准协会行业认证）。

⑪企业已建立规范化的顾客满意度评测机制或产品追溯体系。

⑫2019 年以来企业通过多层次资本市场一次性获得风险投资 100 万元（含）以上（或等值外币）。

上述 12 项可选条件中符合其中 4 项即可。

9. 江苏

根据《江苏省专精特新产品和科技小巨人企业培育实施意见》，江苏省标准如下：

（1）省级专精特新产品的基本条件

①企业聚焦特定细分产品市场，近 2 年无亏损，管理规范、信誉良好、社会责任感强，无不良行为记录。企业销售利润率达 10%以上。

②产品拥有自主知识产权的专利技术（近 2 年内的发明或实用新型专利技术）或独特、独有的工艺、配方的专有技术。

③产品技术、工艺水平达到国际先进或国内领先水平。

④产品质量优良，无重大质量问题。

⑤产品已投入批量生产，市场占有率在全国同类产品中名列前茅。

制造业核心基础零部件、先进基础工艺和关键基础材料产品，以及属于《中国制造 2025 江苏行动纲要》重点领域中的产品，予以优先推荐认定。食品、饮料、服装、鞋帽等类产品不在认定范围。

（2）省级科技小巨人企业的基本条件

①企业主要产品（服务）的核心技术拥有自主知识产权。近3个会计年度研究开发费用占销售收入的比重不低于3%，上年度研发及装备升级和数字化、智能化投入总额不低于200万元。

②企业上年度主营业务收入5 000万元以上（含5 000万元），或利税总额800万元以上（含800万元）。主导产品（服务）市场占有率居国内同行业前五位。

③生产技术、工艺及产品质量性能国内领先，制定并实施知识产权、技术标准和质量保证、安全管理等管理体系。近3年营业收入平均增长率10%以上，平均营业利润率10%以上。

④重视人才队伍建设，核心团队具有较好的专业背景和较强的生产经营能力。

⑤管理规范、信誉良好、社会责任感强，无重大失信行为记录。

科技创业企业、上市或已股改准备上市企业、获得省级及以上表彰（含认定、公告等）企业，以及新技术、新业态、新服务、新模式的企业，优先予以认定。

10. 福建

根据《福建省“专精特新”中小企业认定管理暂行办法》，福建省标准如下：

申报福建省“专精特新”中小企业应符合以下两项基本条件和任何一项专项条件。

（1）基本条件

①在福建省登记注册2年以上，具有独立法人资格，符合《中小企业划型标准规定》（工信部联企业〔2011〕300号）界定的工业、信息传输业、软件和信息技术服务业中小企业。企业主导产品或服务符合《中国制造2025》和《福建省实施〈中国制造2025〉行动计划》重点方向，具有良好发展前景和较好的经济、社会效益，信用良好。

②企业上年度营业收入2 000万元以上，上年度营业收入增速不低于

15%或近两年平均增速不低于10%。

（2）专项条件

①专业化：企业专注核心业务，具有较高专业化生产、服务和协作配套能力，能为大企业、大项目和龙头企业提供关键零部件、关键元器件、配套产品和配套服务，主导产品和服务在国内或省内细分市场处于领先地位，主导产品和服务营业收入占本企业销售收入的60%以上。

②精细化：企业建立精细高效的管理制度和流程，取得质量管理体系认证，开展精细化生产、精细化管理、精细化服务，装备居国内同行业领先水平，企业管理效益突出、降本增效显著，属所在设区市品牌企业。企业产品和服务美誉度高、性价比好、品质精良，在细分市场具有一定的比较优势。

③特色化：企业利用特色资源，弘扬传统技艺和地域文化，采用独特工艺、技术、配方或原料，研制生产具有地方或企业特色的产品。企业拥有发明专利、软件著作权或专有技术3项以上，主导产品和服务具有自主知识产权，并在生产中应用。企业研发投入占营业收入比重达2%以上。

④新颖化：开展技术创新、管理创新和商业模式创新，适应或创造消费新需求，拥有符合“新技术、新产业、新业态、新模式”等四新经济发展特征的产品或服务，形成新的经济增长点，具有新的竞争优势。具有较高的信息化应用水平，通过行业的交叉融合提供新的产品或服务，拥有近2年内新授权的发明专利或独特、独有的工艺、配方等专有技术。

11. 湖北

根据《湖北省经信厅办公室关于开展2021年全省专精特新“小巨人”企业申报工作的通知》，湖北省标准如下：

（1）基本条件

①在湖北省内工商注册登记、连续经营3年以上并具有独立法人资格的中小工业企业及生产性服务业企业（含软件信息技术服务、节能环保服务、检验检测认证、研发设计、仓储物流等），符合《中小企业划型标准规定》（工信部联企业〔2011〕300号）界定，拥有“专精特新”产品以及其他创新能力强、市场竞争优势突出的中小企业。

②坚持专业化发展战略，长期专注并深耕于产业链某一环节或某一产品，能为大企业、大项目提供关键零部件、元器件和配套产品以及专业生产的成套产品。企业主导产品在国内细分行业中拥有较高的市场份额。

③具有持续创新能力，在研发设计、生产制造、市场营销、内部管理等方面不断创新并取得比较显著的效益，具有一定的示范推广价值。

④管理规范、信誉良好、社会责任感强，生产技术、工艺及产品质量性能国内领先，具有较好的品牌影响力。企业重视并实施长期发展战略，重视人才队伍建设，核心团队具有较好专业背景和较强生产经营能力，有发展成为相关领域国内、国际领先企业的潜力。

有下列情况之一的企业，不得被推荐：申请过程中提供虚假信息的，近三年发生过重大安全、质量、环境污染事故的，有偷漏税、失信和其他违法违规行为的。请各市州经信局统一组织征求应急、市场、环保、税务等部门意见。

（2）重点领域

专精特新“小巨人”企业主导产品应属于产业链供应链关键环节及关键领域“补短板”产品，或属于国家和湖北省重点鼓励发展的支柱和优势特色产业等领域。

（3）专项条件

①经济效益。上年度企业营业收入在0.8亿元以上，企业资产负债率不高于70%。

②专业化程度。企业从事特定细分市场时间达到3年及以上，其主营业务收入占营业收入70%以上，主导产品享有较高知名度，且细分市场占有率位于全国前10名或湖北前5名（如有多个主要产品的，产品之间应有直接关联性）。

③创新能力。近2年企业研发经费支出占营业收入比重不低于3%，从事研发和相关技术创新活动的科技人员占企业职工总数的比例不低于10%。截至2020年底，拥有与主要产品相关的有效发明专利（含集成电路布图设计专有权）2项或实用新型、外观设计专利5项及以上。企业具有自主知识产权的核心技术和科技成果，具备良好的科技成果转化能力。企

业自建或与高等院校、科研机构联合建立研发机构，具备完成技术创新任务所必备的技术开发仪器设备条件或环境（设立技术研究院、企业技术中心、企业工程中心、院士专家工作站、博士后工作站等）。在研发设计、生产制造、供应链管理等环节，至少 1 项核心业务采用信息系统支撑。

④经营管理。企业有完整的精细化管理方案，取得相关质量管理体系认证。企业实施系统化品牌培育战略并取得良好绩效，拥有自主品牌（含非物质文化遗产、地理标志商标等）。企业产品生产执行国际、国内、行业标准等，或是产品通过发达国家和地区产品认证（国际标准协会行业认证）。

12. 湖南

根据《湖南省专精特新“小巨人”企业培育计划》，湖南省标准如下：

列入专精特新“小巨人”企业培育计划的，应符合以下条件：

（1）基本条件

①在湖南省内注册登记并具有独立法人资格、连续经营 3 年以上，坚持专精特新发展方向，符合《中小企业划型标准规定》的中小企业。

②经济效益。制造业企业上年度主营业务收入3 000万元以上，近 2 年主营业务收入年均增长 10%以上。软件和信息技术服务业企业上年度主营业务收入2 000万元以上，近 2 年主营业务收入年均增长 15%以上。企业资产负债率不高于 70%。

③专业化程度。企业专注核心业务，具有较强的专业化生产、服务和协作配套能力，从事特定细分市场时间不少于 3 年，主营业务收入占营业收入的 70%以上。企业主导产品享有较高知名度，且细分市场占有率位于国内前 30 位或省内前 10 位（如有多个主要产品的，产品之间应有直接关联性）。

④创新能力。企业具有自主知识产权的核心技术和创新成果，具备良好的科技成果转化能力，拥有与主要产品相关的有效发明专利（含集成电路布图设计专有权）2 项及以上。企业近 2 年研发经费支出占营业收入比重不低于 3%，从事研发和相关技术创新活动的科技人员占企业职工总数的比例不低于 15%。

⑤数字化应用。企业深度“上云上平台”，积极推进数字化网络化智能化发展，在研发设计、生产制造、运营管理等环节，至少2项核心业务采用信息系统支撑。运用5G、人工智能、工业互联网等新一代信息技术，优化工艺流程与装备技术，精益生产、敏捷制造、精细管理水平较好。

⑥经营管理。企业建立健全现代企业制度，有完善的企业管理制度。企业实施系统化质量和品牌培育战略并取得良好绩效，取得相关质量管理体系认证，拥有自主品牌（含非物质文化遗产、地理标志商标等）。企业产品生产执行国际、国内、行业标准等，或是产品通过发达国家和地区产品认证（国际标准协会行业认证）。

（2）优先条件

同等条件下，符合下列条件之一的企业优先入选培育：

①坚持大中小企业融通发展，以专业化分工、服务外包、订单生产等方式进入行业优势大企业产业链的企业。

②拥有企业技术创新平台。企业自建或与高等院校、科研机构联合建立研发机构，设立院士专家工作站、博士后工作站或市级以上技术研究院、制造业创新中心、企业创新中心、企业技术中心、企业工程中心、工业设计中心、工业设计研究院等。

③具备良好上市前景。包括省级上市企业后备资源库企业，区域性股权市场挂牌企业，新三板挂牌企业，沪深主板、中小板、创业板、科创板拟上市企业。

④标杆示范企业。参与湖南省中小企业技术创新“破零倍增”行动、中小企业“两上三化”行动、品牌培育能力提升行动和绿色制造等，成为标杆示范企业、实施试点示范项目、获评典型应用场景和案例等。

⑤通过两化融合管理体系贯标的企业。

⑥市（州）认定的专精特新“小巨人”企业。

（3）限制条件

有下列情况之一的企业，不得入选培育：

①提供虚假申报信息的，2年内不得再次申报。

②近3年发生过安全、质量、环境污染重大事故的。

③存在其他严重违法违规、严重失信行为的。

13. 河北

根据《河北省“专精特新”中小企业认定管理办法（暂行）》，河北省标准如下：

申报河北省“专精特新”中小企业应符合以下两项共性条件和任何一项专项条件，且不存在限制条件所列事项。

（1）共性条件

①规模效益。在河北省登记注册3年以上，具有独立法人资格，符合《中小企业划型标准规定》（工信部联企业〔2011〕300号）的中小工业企业。年营业收入1 000万元以上，近2年主营业务收入平均增长不低于15%，发展前景好，具有较好的经济、社会效益和较强的社会影响力。

②管理水平。企业经营管理者具有战略眼光和开放思维，能紧跟市场发展步伐，注重加强企业管理和企业文化建设；企业基础管理和专项管理科学规范，诚信经营，信用良好，积极履行社会责任；近5年无质量事故、无重大安全责任事故。

（2）专项条件

①专业化：企业专注核心业务，具有较高专业化生产和协作配套的能力，是产业链中某个环节的强者，能为大企业、大项目和龙头企业提供关键零部件、元器件和配套产品。某一产品在细分市场处于领先地位，主导产品销售收入占本企业销售收入的60%以上。

②精细化：企业建立精细高效的管理制度和流程，开展精细化生产、管理和服务，装备水平居同行业领先，产品质量精良。企业取得质量管理体系认证，拥有河北省省级（含）以上品牌最少1项。

③特色化：企业利用特色资源，弘扬传统技艺和地域文化，采用独特工艺、技术、配方或原料，研制生产具有地方或企业特色的产品。企业拥有专利、软件著作权或专有技术1项以上，并在生产中应用。企业研发投入占销售收入的比例超过2%。

④新颖化：企业开展技术创新、管理创新和商业模式创新，培育新的增长点，形成新的竞争优势；积极发展新型业态，采用现代信息技术，通

过行业的交叉融合提供新的产品或服务。

（3）限制条件

有下列情况之一的企业，不得确定为河北省“专精特新”中小企业：

①提供虚假信息的。

②近5年发生过安全、质量事故的。

③环保不达标或近5年发生过环境污染事故的。

④有偷税、漏税行为的。

⑤侵犯职工合法权益的。

⑥有其他违法违规行为的。

14. 山东

根据《山东省工业和信息化厅关于推荐山东省第十一批“专精特新”中小企业的通知》，山东省标准如下：

申报省级“专精特新”中小企业应符合以下基本条件和任意一项专项条件：

（1）基本条件

①在山东省登记注册2年以上，具有独立法人资格，符合《中小企业划型标准规定》（工信部联企业〔2011〕300号）界定，具有良好发展前景和较好的经济、社会效益，信用良好的中小企业。

②已公布为市级“专精特新”中小企业。

③企业上年度营业收入1 000万元以上，近2年平均营业收入增速不低于10%。

④通过质量管理体系认证，产品质量稳定可靠。

⑤节能、环保和安全生产等符合国家和省里相关规定，银行信用、纳税信用和社会信用良好。

（2）专项条件

①专业化。企业专注核心业务，具有较高专业化生产、服务和协作配套能力，能为大企业、大项目和龙头企业提供关键零部件、关键元器件、配套产品和配套服务。

②精细化。企业建立精细高效的管理制度和流程，取得质量管理体系

认证，开展精细化生产、精细化管理、精细化服务，企业管理效益突出、降本增效显著。企业产品品牌和服务美誉度高、性价比好、品质精良，在细分市场具有一定的比较优势。

③特色化。企业利用特色资源，弘扬传统技艺和地域文化，采用独特工艺、技术、配方或原料，研制生产具有地方或企业特色的产品。

④创新化。开展技术创新、管理创新和商业模式创新，适应或创造消费新需求，拥有符合“新技术、新产业、新业态、新模式”等四新经济发展特征的产品或服务，形成新的经济增长点，具有新的竞争优势。具有较高的信息化、智能化应用水平，通过行业的交叉融合提供新的产品或服务，拥有近 2 年内新授权的发明专利或独特、独有的工艺、配方等专有技术。

15. 陕西

根据《陕西省“专精特新”中小企业认定管理办法》，陕西省标准如下：

满足以下全部基本条件和一项以上专项条件，且无限制条件情形的均可申报陕西省“专精特新”中小企业。

（1）基本条件

①在陕西省工商注册登记、连续经营 3 年（含 3 年）以上并具有独立法人资格，符合《中小企业划型标准规定》（工信部联企业〔2011〕300 号）的中小企业。

②坚持专业化发展战略，长期专注并深耕于产业链中某个环节或某个产品，能为大企业、大项目提供关键零部件、元器件和配套产品，以及专业生产的成套产品。企业主导产品在国内或本市细分行业中拥有较高的市场份额。

③具有持续创新能力，在研发设计、生产制造、市场营销、内部管理等方面不断创新并取得比较显著的效益，具有一定的示范推广价值。

④管理规范、信誉良好、社会责任感强，生产技术、工艺及产品质量性能国（省）内领先。企业重视并实施长期发展战略，重视人才队伍建设，核心团队具有较好的专业背景和较强的生产经营能力，有发展成为相

关领域在省内或国内领先企业的潜力。

⑤经济效益。企业上年营业收入不低于 1 500 万元，近 2 年主营业务收入或净利润的平均增长率达到 5%以上，企业资产负债率不高于 60%。

（2）专项条件

①专业化程度。企业从事特定细分市场时间达到 3 年（含 3 年）以上，其主营业务收入占本企业营业收入的 70%以上，主导产品享有较高知名度，且细分市场占有率在全省名列前茅（如有多个主要产品的，产品之间应有直接关联性）。

②创新能力。近 2 年企业研发经费支出占营业收入比重不低于 5%；企业设立研发机构并具备相应的环境场所，从事研发和相关技术创新活动的科技人员占企业职工总数的比例不低于 10%；至少获得 5 项（含 5 项）以上发明专利或实用新型专利、外观设计专利、软件著作权或其他能够证明企业科技创新能力的文件材料，企业具有自主知识产权的核心技术、科技成果，具备良好的科技成果转化能力；产品具有执行标准，并通过国家或省级有关质监主管部门授权的有资质的实验室、检测机构或指定第三方检测机构的检测，产品质量符合相关标准。

③经营管理。企业有完整的精细化管理方案，取得相关质量管理体系认证，采用先进的企业管理方式，如 5S 管理、卓越绩效管理、ERP、CRM、SCM 等。企业实施系统化品牌培育战略并取得良好绩效，拥有自主品牌。

（3）限制条件

①提供虚假申报信息的。

②近 3 年发生过安全、质量、环境污染事故或环保不达标的。

③近 3 年有偷漏税和其他违法违规、失信行为被行政处罚的。

④近 3 年存在故意拖欠职工工资等侵犯职工合法权益的。

⑤有其他违法、违规行为或不宜认定情形的。

16. 西藏

根据《西藏自治区“专精特新”中小企业认定管理办法》，西藏自治区标准如下：

申报西藏自治区“专精特新”中小企业应符合以下 2 项共性条件和任何一项专项条件，且不存在限制条件所列事项。

（1）共性条件

①规模效益。在西藏登记注册 2 年以上，具有独立法人资格，符合《中小企业划型标准规定》（工信部联企业〔2011〕300 号）的中小企业。属于各市（地）中小企业主管部门重点培育的“专精特新”中小企业。上年度主营业务收入 1 000 万元以上，近 2 年主营业务收入或净利润的平均增长率不低于 10%，企业资产负债率不高于 50%。发展前景好，具有较好的经济效益、社会效益和较强的社会影响力。

②管理水平。企业经营管理者具有战略眼光和开放思维，能紧跟市场发展步伐，注重加强企业管理和企业文化建设；企业基础管理和专项管理科学规范，诚信经营，信誉良好，积极履行社会责任；具有相应的研发机构，从事研发的专（兼）职科技人员 5 人以上。

（2）专项条件

①专业化。企业专注核心业务，具有较高专业化生产和协作配套的能力，是产业链中某个环节的强者，能为大企业、大项目和龙头企业提供零部件、元器件和配套产品及服务。从事特定细分市场时间达到 2 年及以上，某一产品在细分市场处于全区领先地位，近 2 年营业收入平均增长率 20% 以上，主导产品销售收入占本企业销售收入的 60% 以上。

②精细化。企业建立精细高效的管理制度和流程，开展精细化生产、管理和服务，装备水平同行业领先，产品质量精良。企业取得质量管理体系认证，拥有自主品牌，获得自治区级及以上品牌或驰名商标 2 项以上。

③特色化。企业利用特色资源，弘扬传统技艺和地域文化，采用独特工艺、技术、配方或原料，研制生产具有地方或企业特色的产品，具有独特性、独有性、独家生产特点。企业拥有专利、软件著作权或专有技术 1 项以上，并在生产中应用。企业研发投入占销售收入的比例不少于 3%。

④新颖化。具有持续创新能力，依靠自主、转化、联合或引进消化吸收等方式，开展技术创新、管理创新和商业模式创新，培育新的增长点，形成新的竞争优势；积极发展新型业态，采用现代信息技术，通过行业的

交叉融合提供新的产品或服务。

（3）限制条件

有下列情况之一的企业，不得认定为自治区级“专精特新”中小企业：

①提供虚假信息的。

②近 2 年发生过安全、质量事故的。

③环保不达标或近 2 年发生过环境污染事故的。

④有偷税、漏税行为的。

⑤侵犯职工合法权益的。

⑥有其他违法或严重违规行为的。

17. 甘肃

根据《甘肃省“专精特新”中小企业认定综合管理办法》，甘肃省标准如下：

（1）基础指标（必须同时具备）

①在甘肃省行政区域内依法注册登记，具有独立法人资格，连续经营 3 年（含）以上。

②企业经营状况良好，财务制度健全，属于国家和省级重点鼓励发展的产业（产品、技术领域）。

③企业申报年度上 2 年年销售收入均在2 000万元以上，年主营业务收入均在 1 000 万元（含）以上，年主营业务收入或净利润的平均增速不低于 10%；企业资产负债率不高于 70%。

④企业申报年度上 2 年研发投入占销售收入比重超过 2%；从事研发和相关技术创新活动的技术人员占企业职工总数的比例不低于 15%。

⑤企业现代化经营管理水平较高，采用先进的企业管理方式，取得相关质量管理体系认证。

⑥企业节能、环保和安全生产等符合相关法律规章规定，银行信用、纳税信用和社会信用良好，依法规范缴纳各项社会保险。

（2）专项指标（至少具备一条）

①专业化：

企业坚持专业化发展战略，专注核心业务，具有较高专业化生产和协作配套的能力，是产业链中某个环节的强者，能为大企业、大项目提供关键零部件、元器件和配套产品，以及专业生产的成套产品。

企业从事特定细分市场时间达到 3 年及以上，其主营业务收入占本企业营业收入的 70%以上，主导产品在细分市场占有率较高且享有较高知名度，主导产品销售收入占本企业销售收入的 50%以上。

企业具有自主知识产权的核心技术和科技成果，获得与主导产品（技术）相关的发明专利、实用新型专利、外观设计专利或软件著作权等 3 项以上；拥有与主导产品（技术）相应的专利技术（有效期内的授权、转让或独占许可的发明或实用新型专利技术、软件著作权）或独特、独有的工艺、配方的专有技术 5 项以上；近 2 年来经过专门机构认定且达到省级以上先进技术水平或科技成果 3 项以上。

②精细化：

企业采用先进适用技术或工艺，有完整的精细化管理方案，精细高效的管理制度和流程较为完备，开展精细化生产、管理和服务，企业生产装备采用自动化和半自动化，先进控制技术应用普及率较高，以美誉度高、性价比好、品质精良的产品在细分市场中占据优势。企业主持（参与）制（修）订国家行业标准等。

企业信息化应用水平较高，ERP（企业资源计划）、SCM（供应链管理系统）、CRM（客户关系管理）等企业信息系统应用较为成熟。

企业具备良好的科技成果转化能力。企业设立研发机构，具备完成技术创新任务所必备的技术开发仪器设备条件或环境（设立技术研究院、企业技术中心、企业工程中心、院士专家工作站、博士后工作站等）。

③特色化：

企业利用特色资源，弘扬传统技艺和地域文化，采用独特工艺、技术、配方或原料，研制生产具有地方或企业特色的产品，突出商标、品牌、地域等特色优势，具备拥有区别于其他同类产品的独立属性。拥有省级及以上名牌产品、驰名商标 1 项以上。

企业采用独特的工艺、技术、配方或特殊原料进行研制生产，企业的生产技术、工艺专业性强、专业特点明显。企业获得国家授权的发明专利

1 项以上（含）或实用新型专利 3 项以上（含）。

企业实施系统化品牌培育战略并取得良好绩效，拥有自主品牌，产品质量和美誉度优于同类产品，获得省级及以上（含）名牌品牌或质量奖 1 项以上。企业产品生产执行标准达到国际或国内先进水平，或是产品通过发达国家和地区的产品认证（国际标准协会行业认证）。企业已建立规范化的顾客满意度评测机制或产品追溯体系。

④新颖化：

企业开展技术创新、管理创新和商业模式创新，培育新的增长点，形成新的竞争优势，以新取胜。

企业近 2 年内研发且批量投入生产的新产品，比相关传统产品具有更高的技术含量、更大的附加值和更广泛的经济效益和社会效益。企业获得 1 项以上（含）省级及以上新产品、新技术或首家研制开发的成套、单机装备及关键部件产品。

企业自主创新、集成创新和引进消化吸收再创新能力强，企业至少获得 1 项以下称号：两化融合示范企业、两化融合贯标试点企业、高新技术企业、知识产权试点（示范）企业、知识产权优势培育工程企业。

（3）其他指标

在全国有一定影响力的高新技术企业，产品独特，为甘肃省独有的，认定条件可适当放宽。

（四）专精特新的奖励政策

为推进中小企业高质量发展和助力构建双循环新发展格局，国家层面及部分省、市、区也推出了系列促进“专精特新”中小企业发展的奖励政策。

国家层面，财政部、工业和信息化部发布了《关于支持“专精特新”中小企业高质量发展的通知》（财建〔2021〕2 号），整体奖励政策包括：2021—2025 年，中央财政累计安排 100 亿元以上奖补资金，引导地方完善扶持政策和公共服务体系，分三批重点支持 1 000 余家国家级专精特新“小巨人”企业高质量发展。

各地方政府、财政局、经信局也出台了相应奖励政策：

北京市经济和信息化局在《关于申报支持服务“专精特新”中小企业的中小企业公共服务示范平台有关工作的通知》中指出：本次将采取奖补结合的方式进行支持。一是服务补助。根据示范平台服务质量，按照服务费用情况给予一定额度补助支持。二是绩效奖励。根据示范平台年度绩效考核目标完成情况，以及被服务专精特新“小巨人”企业成长情况给予一定奖励。入选的示范平台，将根据服务和绩效情况按比例进行资金分配，每家支持金额不超过200万元。

浙江省台州市人民政府办公室发布的《关于印发台州市专精特新“小巨人”企业培育工作实施方案的通知》中，对新增的国家级专精特新“小巨人”企业、省级“隐形冠军”企业，分别一次性奖补100万元和35万元。

安徽省合肥市人民政府办公室在《关于印发2019年合肥市培育新动能促进产业转型升级推动经济高质量发展若干政策实施细则的通知》中写道，支持“专精特新”企业发展，对新认定为工业和信息化部“专精特新”小巨人企业给予100万元一次性奖补，对新认定为省级“专精特新”中小企业，按总量控制且与制造强省政策不重复享受原则，给予一定比例资金奖补。

厦门市人民政府在《关于印发进一步支持中小企业发展若干措施的通知》中列出，选拔专精特新“小巨人”企业，支持中小企业成长为专注于细分市场、创新能力强、市场占有率高、掌握核心技术的专精特新“小巨人”企业，对获得工业和信息化部认定的专精特新“小巨人”企业给予100万元奖励。

黑龙江省哈尔滨市人民政府在《关于支持民营经济和中小企业发展的若干意见（2021）》中指出，鼓励大型企业向中小企业开放共享资源，促进大中小企业融通发展，培育、推广一批融通发展新模式和典型示范企业。开展“专精特新”企业培育，对新认定为国家专精特新“小巨人”企业，给予一次性奖励100万元。

（五）新三板专精特新企业

2021 年 7 月，工业和信息化部公示了第三批专精特新“小巨人”企业名单。至此，工业和信息化部一共公布了三批次合计 4 922 家专精特新“小巨人”企业。其中，来自新三板的挂牌公司有 371 家，名单见表 5-3。

表 5-3　新三板挂牌公司

证券代码	证券简称	营业收入（万元）	收入增速（%）	净利润（万元）	ROE（%）	总市值（万元）	行业
400088. NQ	美都 3	254 896. 20	−26. 47	−796 988. 82	−619. 70	214 589. 33	—
836239. NQ	长虹能源	195 197. 72	37. 77	16 190. 60	26. 43	905 331. 47	碱锰电池
837781. NQ	重交再生	159 993. 31	215. 15	6 644. 38	20. 47	170 875. 80	固废垃圾回收
871329. NQ	丰润生物	154 985. 47	−7. 35	10 327. 06	11. 16	191 941. 54	农副食品加工
839826. NQ	飞沃科技	119 550. 32	127. 22	16 025. 68	31. 59	72 391. 30	风电紧固件
834166. NQ	杰事杰	110 739. 07	25. 88	7 659. 26	10. 88	142 784. 00	工程塑料
430428. NQ	陕西瑞科	93 883. 16	61. 47	7 699. 50	14. 08	221 130. 00	贵金属催化剂
832047. NQ	联洋新材	91 929. 04	127. 56	22 122. 70	50. 19	111 241. 44	新材料制造
834915. NQ	津同仁堂	81 845. 07	9. 93	16 115. 72	31. 94	110. 00	—
836455. NQ	中溶科技	80 214. 18	7. 58	4 491. 60	7. 89	59 003. 22	非粮乙醇
430017. NQ	星昊医药	71 411. 85	0. 41	6 964. 82	7. 12	142 104. 77	药品研发
430755. NQ	华曦达	70 109. 20	67. 90	5 956. 25	26. 59	184 275. 00	流媒系统服务
836883. NQ	均益股份	64 733. 18	25. 06	−1 214. 02	−7. 68	10 913. 42	专用设备
830818. NQ	巨峰股份	60 652. 71	23. 79	7 142. 61	14. 10	128 332. 08	绝缘系统
430394. NQ	ST 伯朗特	59 195. 28	11. 89	10 789. 09	24. 93	152 100. 00	机械手
836703. NQ	创一新材	58 110. 04	110. 80	4 745. 57	43. 05	33 023. 44	复合材料部件
834062. NQ	科润智控	57 133. 48	20. 21	5 079. 20	13. 59	79 021. 36	输配电设备
831463. NQ	凯雪冷链	55 673. 55	4. 25	7 147. 60	19. 06	99 693. 13	制冷设备
831564. NQ	欧伏电气	54 867. 76	6. 30	6 875. 76	22. 48	116 764. 44	配电设备
831195. NQ	三祥科技	54 866. 45	6. 16	4 182. 48	13. 82	58 660. 00	车载电子
832063. NQ	鸿辉光通	54 825. 39	−2. 80	4 105. 33	9. 97	107 900. 00	光纤辅料
835640. NQ	富士达	54 137. 89	4. 50	6 848. 02	12. 27	435 904. 42	设备制造
833186. NQ	宏远电器	51 743. 52	14. 73	5 604. 26	21. 07	95 040. 00	特种车辆

续表

证券代码	证券简称	营业收入（万元）	收入增速（%）	净利润（万元）	ROE（%）	总市值（万元）	行业
430539. NQ	扬子地板	51 631. 63	-7. 62	6 343. 93	13. 51	41 143. 50	木地板生产和销售
839792. NQ	东和新材	51 582. 09	-10. 11	6 447. 31	11. 53	120 943. 74	耐火材料
830964. NQ	润农节水	51 399. 13	10. 42	5 528. 30	7. 02	135 044. 54	灌溉系统
833423. NQ	穗晶光电	48 474. 98	2. 22	5 561. 35	16. 67	64 740. 50	LED
831376. NQ	金洪股份	48 363. 99	7. 67	1 065. 17	2. 85	40 540. 06	汽车零部件
834298. NQ	皇隆制药	48 266. 44	-22. 33	-8 180. 57	-51. 24	35 432. 36	医药制造
836957. NQ	汉维科技	47 496. 74	8. 27	4 313. 12	17. 94	186 944. 11	精细化工
835207. NQ	众诚科技	46 878. 22	65. 93	4 460. 33	21. 73	95 940. 00	信息技术服务
839681. NQ	宝涞精工	45 940. 05	17. 63	3 477. 69	15. 52	—	机械零部件
835174. NQ	五新隧装	45 052. 23	32. 05	6 939. 46	19. 70	258 775. 06	专用设备制造
430075. NQ	中讯四方	44 802. 30	56. 07	2 513. 32	4. 16	203 378. 01	电子器件
831406. NQ	森达电气	44 591. 86	27. 63	5 923. 81	17. 51	106 537. 83	输配电及设备
834217. NQ	斯尔克	43 845. 84	-38. 41	-6 339. 76	-18. 86	85 848. 00	纺织纤维
834388. NQ	远成股份	43 302. 71	-33. 71	106. 22	0. 46	31 882. 90	汽车制造
830852. NQ	中科仪	42 647. 34	35. 05	-5 242. 69	-10. 48	245 386. 23	真空应用设备
872731. NQ	德石股份	42 194. 53	-9. 89	6 022. 25	9. 94	125 634. 48	专用设备
838460. NQ	汇博医疗	42 111. 15	366. 06	6 112. 04	47. 19	79 380. 00	医用品
838837. NQ	华原股份	41 563. 61	11. 31	2 347. 10	6. 71	—	滤清器
870156. NQ	瑜欣电子	40 899. 26	40. 11	5 810. 48	17. 64	73 354. 99	园林机械零部件
873425. NQ	隆基电磁	40 748. 58	4. 81	7 412. 81	14. 98	245 758. 92	—
832834. NQ	吉泰新材	40 577. 43	1. 26	10 794. 98	24. 19	150 024. 00	2 4-二氯-5-氟苯乙酮
831152. NQ	昆工科技	40 299. 61	-3. 62	3 103. 49	13. 44	101 657. 50	有色金属材料
872230. NQ	青岛积成	40 243. 68	28. 14	5 325. 42	12. 74	109 670. 00	应用软件
833664. NQ	威特龙	38 673. 21	24. 99	572. 46	1. 33	23 206. 00	专用设备制造
833682. NQ	福特科	38 456. 33	-8. 57	5 074. 34	9. 46	113 658. 20	光学元件
839273. NQ	一致魔芋	37 918. 45	3. 54	4 435. 45	15. 98	48 795. 90	农副食品加工

续表

证券代码	证券简称	营业收入（万元）	收入增速（%）	净利润（万元）	ROE（%）	总市值（万元）	行业
832954. NQ	龙创设计	37 688. 17	-8. 10	4 627. 44	10. 62	99 588. 03	汽车设计
835892. NQ	中科美菱	37 259. 90	67. 18	4 604. 22	24. 58	34 968. 23	低温制冷设备
835305. NQ	云创数据	36 332. 81	33. 01	7 173. 78	14. 51	276 798. 48	大数据
870381. NQ	七九七	36 320. 06	18. 61	4 192. 75	16. 46	106 204. 00	智能声学服务
873111. NQ	攸特电子	36 135. 02	53. 26	1 697. 80	19. 29	73 931. 57	变压器
836419. NQ	万德股份	35 761. 83	-2. 71	4 290. 58	17. 72	96 822. 83	精细化学品
839180. NQ	瑞福来	34 870. 19	53. 29	728. 54	14. 61	—	智能终端配件
830821. NQ	雪郎生物	33 886. 09	25. 91	1 781. 49	4. 65	72 090. 00	化学制造
830813. NQ	熔金股份	33 809. 95	-3. 73	2 421. 48	8. 04	25 313. 34	耐火材料
835692. NQ	力王高科	33 794. 96	52. 97	2 807. 31	20. 21	26 989. 04	磁性元件
831584. NQ	雷博司	33 742. 97	6. 49	3 846. 41	15. 54	—	绝缘产品
872808. NQ	曙光数创	33 535. 23	14. 96	6 815. 89	44. 40	302 591. 60	通用设备制造
831396. NQ	许昌智能	33 007. 67	17. 59	3 770. 22	12. 80	42 622. 00	智能配电
833211. NQ	海欣药业	32 791. 19	14. 96	1 562. 87	7. 39	33 800. 00	医药制造
870583. NQ	一天电气	32 576. 16	20. 30	4 311. 33	25. 63	61 800. 00	电气
872836. NQ	康派斯	32 471. 61	26. 22	1 544. 11	11. 21	—	汽车制造
835579. NQ	机科股份	32 333. 32	5. 81	2 956. 17	14. 22	77 850. 00	环保设备
835634. NQ	百川科技	32 285. 20	0. 70	1 080. 42	3. 63	48 138. 85	废弃资源利用
836763. NQ	远翔新材	32 118. 81	16. 07	6 561. 88	29. 65	41 173. 60	添加剂
836861. NQ	鞍山发蓝	31 936. 45	-2. 40	658. 63	4. 14	—	金属制品
833711. NQ	卓易科技	31 909. 08	61. 87	6 418. 52	15. 32	195 580. 00	—
830839. NQ	万通液压	31 788. 91	1. 34	6 041. 35	15. 21	142 024. 05	液压油缸技术
872726. NQ	中机试验	31 238. 68	-6. 72	2 617. 24	6. 92	—	工程试验设备
830883. NQ	联桥新材	31 026. 18	19. 23	3 313. 33	29. 49	38 016. 00	高分子材料
831619. NQ	五舟科技	30 759. 96	30. 10	266. 88	5. 06	63 749. 32	云计算大数据
831260. NQ	东方碾磨	30 549. 47	22. 64	1 244. 83	11. 34	9 204. 00	耐磨铸件
831387. NQ	华特磁电	30 532. 32	-0. 18	2 407. 92	7. 67	52 318. 00	磁力应用装备
430652. NQ	三联泵业	30 519. 85	10. 04	416. 75	1. 92	31 000. 00	泵

续表

证券代码	证券简称	营业收入（万元）	收入增速（%）	净利润（万元）	ROE（%）	总市值（万元）	行业
836247. NQ	华密新材	30 474. 32	17. 57	4 775. 12	33. 12	4 754. 29	橡胶、塑料
831827. NQ	宝来利来	30 433. 75	13. 91	4 782. 34	18. 40	78 440. 00	微生态制剂
831187. NQ	创尔生物	30 334. 61	0. 22	9 249. 81	35. 08	279 468. 09	活性胶原蛋白
832000. NQ	安徽凤凰	30 237. 37	3. 23	4 738. 42	10. 54	89 098. 30	汽车滤清器
873391. NQ	华阳制动	29 966. 20	40. 13	2 630. 48	22. 70	31 282. 46	—
872573. NQ	艾瑞技术	29 769. 21	7. 70	814. 56	5. 64	13 545. 00	汽车零部件
835532. NQ	思尔特	29 257. 30	25. 35	3 006. 95	13. 40	88 998. 00	智能机器
837210. NQ	沪龙科技	29 243. 58	25. 21	318. 77	2. 82	5 806. 75	电气机械
839894. NQ	长城搅拌	29 150. 03	3. 03	6 638. 59	30. 43	—	搅拌设备
830994. NQ	金友智能	28 751. 68	76. 56	1 514. 70	13. 81	10 040. 00	电气产品
833972. NQ	司南导航	28 730. 30	34. 16	2 848. 90	11. 77	223 682. 76	卫星导航终端
831689. NQ	克莱特	28 491. 97	11. 61	2 539. 48	10. 43	91 613. 00	风机制造
872799. NQ	益康药业	28 306. 42	-0. 06	2 997. 98	15. 35	38 983. 68	药
831309. NQ	雷迪特	28 253. 25	27. 98	437. 29	4. 41	12 000. 00	汽车零部件
872145. NQ	东日环保	28 201. 28	32. 14	3 474. 23	33. 95	88 740. 00	环境设施服务
872538. NQ	喜跃发	28 082. 07	55. 89	2 615. 74	12. 79	47 760. 00	建筑材料制造
831287. NQ	启奥科技	27 953. 51	29. 18	3 550. 33	6. 20	140 704. 85	系统软件
872952. NQ	天泉药业	27 896. 24	-44. 82	3 335. 24	18. 08	—	化学药品制剂
833640. NQ	广州中崎	27 756. 11	27. 26	3 953. 45	17. 86	39 705. 74	POS 系统
832978. NQ	开特股份	27 687. 86	8. 22	2 663. 35	8. 51	66 160. 11	电子机械
873575. NQ	西诺稀贵	27 359. 25	9. 98	2 950. 24	12. 64	144 476. 00	—
833063. NQ	高华股份	26 641. 46	84. 63	1 743. 01	9. 09	32 091. 91	液晶显示屏
834475. NQ	三友科技	26 639. 53	-16. 74	3 819. 40	12. 07	140 231. 52	冶金设备
831844. NQ	会友线缆	26 293. 71	-17. 61	1 567. 18	5. 39	16 500. 00	电线电缆
872400. NQ	爱维尔	26 018. 17	34. 67	4 047. 64	26. 29	—	金属铸造
872967. NQ	蓉中电气	25 784. 58	57. 45	2 856. 11	25. 34	35 414. 28	输配电设备
832049. NQ	广德环保	25 605. 14	4. 17	436. 92	4. 84	39 756. 50	废物处理
838804. NQ	恒泰科技	25 548. 52	8. 06	2 711. 46	21. 58	41 415. 75	电气机械

续表

证券代码	证券简称	营业收入（万元）	收入增速（%）	净利润（万元）	ROE（%）	总市值（万元）	行业
430359. NQ	同济医药	25 098. 36	-18. 06	1 181. 12	2. 60	65 095. 03	医药生产
835911. NQ	中农华威	25 063. 64	16. 53	2 102. 90	12. 00	48 705. 75	兽用药品
838172. NQ	芯诺科技	25 041. 96	15. 41	3 278. 24	22. 06	91 242. 00	芯片
870781. NQ	亿林科技	25 020. 09	18. 84	3 880. 90	32. 00	—	灌溉设备
871769. NQ	路通股份	24 395. 64	55. 86	1 640. 85	12. 86	6 545. 00	玻璃钢
430276. NQ	晟矽微电	24 376. 83	-10. 4	2 086. 02	16. 51	254 657. 27	IC 设计
835438. NQ	戈碧迦	24 205. 78	0. 32	3 477. 48	7. 52	78 163. 25	非金属矿物
872049. NQ	天诚通信	24 194. 48	-3. 45	2 990. 45	34. 61	58 650. 00	通信设备制造
832651. NQ	天罡股份	24 159. 65	8. 33	5 544. 42	20. 02	77 992. 15	超声智能计量仪表
839719. NQ	宁新新材	24 039. 41	4. 82	4 412. 83	10. 46	105 637. 66	石墨材料
834404. NQ	扬戈科技	24 027. 08	30. 6	2 871. 25	17. 48	15 428. 00	电气控制系统
871757. NQ	太重向明	23 870. 57	25. 29	2 148. 64	11. 43	—	专用设备制造
834065. NQ	合凯电气	23 853. 95	11. 95	2 810. 58	35. 55	39 456. 00	电气机械
872476. NQ	上海生农	23 697. 26	22. 96	2 185. 34	20. 29	62 492. 40	农药制造
831394. NQ	南麟电子	23 410. 22	48. 51	1 910. 31	5. 79	361 947. 00	集成电路
870204. NQ	沪江材料	23 132. 33	11. 27	3 266. 66	15. 09	31 075. 18	塑料制品
831378. NQ	富耐克	23 013. 17	-1. 84	1 842. 08	4. 07	79 371. 90	立方氮化硼
430009. NQ	华环电子	22 858. 99	-3. 93	985. 92	4. 90	32 691. 76	通信设备
831546. NQ	美林数据	22 785. 38	-1. 41	-471. 76	-1. 98	86 726. 20	大数据
832665. NQ	德安环保	22 370. 49	18. 02	1 715. 66	6. 73	63 014. 40	水处理
834591. NQ	华富储能	22 363. 76	-24. 22	-620. 04	-3. 57	50 059. 68	电池
870292. NQ	海山密封	22 242. 93	21. 63	4 102. 81	13. 90	—	金属密封件
834469. NQ	东管电力	22 238. 25	-15. 96	-1 302. 44	-2. 69	357 613. 50	电力管道
831598. NQ	热像科技	22 113. 46	188. 5	8 186. 93	55. 60	267 156. 15	红外热像系统
832315. NQ	君和环保	22 091. 44	104. 71	2 517. 81	26. 04	19 195. 65	环境治理
832060. NQ	施可瑞	21 987. 11	86. 37	3 051. 58	14. 51	44 261. 10	配套脚轮
834045. NQ	清众科技	21 890. 46	43. 18	2 154. 19	15. 65	25 735. 20	计算机系统

续表

证券代码	证券简称	营业收入（万元）	收入增速（%）	净利润（万元）	ROE（%）	总市值（万元）	行业
831278. NQ	泰德股份	21 558. 82	-1. 7	3 018. 52	12. 15	56 857. 09	汽车精密轴承
872709. NQ	巍特环境	21 368. 54	73. 38	6 640. 06	67. 43	—	土木工程建筑
872925. NQ	锦好医疗	21 148. 06	41. 84	4 138. 85	34. 27	114 364. 80	电子产品
833678. NQ	南方阀门	21 054. 87	20. 75	1 950. 15	8. 18	15 840. 00	阀门
430476. NQ	海能技术	21 005. 98	6. 42	3 266. 37	10. 39	75 007. 04	分析仪器
873553. NQ	华成工控	20 955. 20	58. 2	4 548. 01	31. 05	263 999. 99	—
873378. NQ	卡尔斯	20 876. 34	36. 46	3 614. 64	17. 53	46 828. 00	—
833534. NQ	神玥软件	20 801. 58	-4. 06	733. 56	2. 87	89 460. 00	住房金融
872511. NQ	智林股份	20 760. 02	103. 39	3 505. 92	20. 79	32 706. 18	系统集成服务
871874. NQ	博纳斯威	20 664. 23	29. 63	2 761. 22	15. 11	48 398. 46	阀门
833136. NQ	世创科技	20 591. 57	19. 06	1 298. 07	13. 80	31 065. 24	金属热处理
832534. NQ	东宝股份	20 523. 98	36. 79	1 585. 28	11. 84	35 035. 00	农药制剂
838213. NQ	金万达	20 209. 95	54. 68	1 501. 15	30. 95	—	塑料薄膜
831832. NQ	科达自控	20 137. 40	3. 7	2 906. 09	10. 29	72 287. 04	自动化系统
837664. NQ	荆江半轴	19 933. 58	37. 16	726. 21	11. 68	—	汽车零部件
832155. NQ	卫东化工	19 710. 41	-15. 71	202. 78	3. 14	16 848. 00	爆破器材
837891. NQ	浙伏医疗	19 310. 82	-0. 39	3 576. 30	13. 75	70 133. 33	医疗器材
836521. NQ	商客通	19 254. 51	4. 89	6 094. 76	63. 92	215 516. 01	信息技术服务
832007. NQ	航天检测	19 110. 58	21. 67	3 737. 05	16. 89	45 996. 30	工程管理服务
872910. NQ	正升环境	19 104. 12	12. 52	1 011. 71	11. 67	7 639. 20	噪声治理
836260. NQ	中寰股份	18 832. 35	-14. 22	4 461. 74	18. 36	47 040. 00	工业装置制造
872313. NQ	科隆智谷	18 816. 44	2. 46	1 688. 44	17. 78	59 474. 50	化学制品制造
870548. NQ	凯奥能源	18 680. 19	7. 24	795. 44	18. 48	14 280. 00	变压器油
833804. NQ	康威通信	18 639. 46	10. 40	616. 35	3. 09	34 926. 00	监测系统
835595. NQ	固润科技	18 477. 54	-31. 78	2 819. 12	9. 74	38 169. 90	光引发剂
833960. NQ	华发教育	18 443. 35	48. 62	3 113. 47	15. 24	20 065. 31	软件信息
831945. NQ	安泽电工	18 230. 13	-19. 32	1 346. 35	6. 74	21 054. 00	电加热
831577. NQ	安阳机床	18 226. 78	-5. 76	806. 73	3. 87	16 666. 50	机床设备

续表

证券代码	证券简称	营业收入（万元）	收入增速（%）	净利润（万元）	ROE（%）	总市值（万元）	行业
430076. NQ	国基科技	17 979. 75	21. 96	2 422. 65	13. 21	135 720. 00	国防电子
832317. NQ	观典防务	17 976. 82	23. 20	5 346. 08	6. 05	518 246. 82	工业无人机
873233. NQ	睿高股份	17 888. 29	3. 19	1 938. 12	15. 46	—	—
872303. NQ	自由能	17 682. 36	20. 58	2 007. 69	20. 08	—	气雾剂
873557. NQ	欧耐股份	17 658. 37	27. 53	1 714. 14	10. 28	—	—
833523. NQ	德瑞锂电	17 437. 10	8. 37	3 441. 83	16. 92	192 472. 60	锂一次电池
839291. NQ	利德宝	17 428. 44	-3. 52	1 427. 22	16. 85	25 080. 45	电子设备制造
870802. NQ	多立恒	17 424. 68	37. 61	1 502. 36	29. 55	15 309. 85	物联网
834162. NQ	江平生物	17 269. 99	7. 72	2 884. 91	13. 72	33 376. 00	农业服务
831677. NQ	天意有福	17 247. 37	-28. 00	-3 416. 87	-48. 02	34 640. 00	包装装潢
831474. NQ	上海科特	17 221. 74	22. 73	2 752. 40	21. 57	207 944. 00	PPTC 产品
873223. NQ	荣亿精密	17 191. 08	27. 91	2 278. 36	14. 52	100 624. 50	—
871897. NQ	爱民制药	17 175. 88	-44. 12	94. 17	0. 41	—	化学药品
871564. NQ	巨成钛业	17 031. 05	25. 98	443. 08	5. 26	—	金属压延加工
834534. NQ	曼恒数字	16 937. 57	33. 43	1 449. 55	4. 51	179 442. 74	虚拟现实业务
832499. NQ	天海流体	16 863. 18	-3. 87	2 127. 84	18. 03	43 095. 00	阀门旋塞制造
430324. NQ	上海致远	16 758. 53	-3. 10	1 517. 53	5. 03	38 100. 02	新能源
836903. NQ	汇东管道	16 717. 41	-22. 37	1 611. 41	16. 01	34 175. 25	保温管件
839224. NQ	田中科技	16 680. 62	18. 40	3 061. 53	16. 98	53 254. 58	汽车零部件
870264. NQ	奥瑞拓	16 640. 11	-25. 01	1 247. 58	10. 2	88 880. 00	专用设备
870774. NQ	华信科技	16 483. 94	15. 80	853. 61	10. 14	32 000. 00	专用设备制造
873211. NQ	木链网	16 393. 30	44. 75	4 679. 11	50. 37	50 831. 82	—
872559. NQ	长河科技	16 372. 42	49. 48	2 082. 46	24. 81	17 200. 00	系统集成服务
839507. NQ	天筑科技	16 335. 37	2. 85	2 359. 24	16. 42	24 375. 00	建筑智能化
872299. NQ	亚捷科技	16 328. 32	26. 78	1 624. 02	28. 04	9 178. 00	热处理
837668. NQ	相府药业	16 295. 87	-26. 50	366. 89	3. 83	29 420. 70	医药制造
873309. NQ	润鑫新材	16 215. 26	10. 42	340. 26	13. 79	9 280. 00	—
832394. NQ	佳龙科技	16 202. 87	34. 47	2 334. 25	25. 15	38 171. 37	专用设备

续表

证券代码	证券简称	营业收入（万元）	收入增速（%）	净利润（万元）	ROE（%）	总市值（万元）	行业
870637. NQ	裕隆气体	16 195. 71	11. 99	1 141. 84	11. 61	24 420. 00	废气利用
835680. NQ	西部宝德	16 190. 05	4. 29	1 738. 70	14. 63	65 874. 06	通用设备制造
832982. NQ	锦波生物	16 127. 44	3. 42	3 194. 84	10. 38	860 174. 46	功能蛋白制剂
833394. NQ	民士达	15 901. 91	16. 34	2 792. 74	10. 23	489 800. 00	芳纶纸
831081. NQ	西驰电气	15 887. 40	17. 21	1 452. 42	12. 26	30 043. 54	电力电子产品
837555. NQ	中电微通	15 766. 68	19. 35	1 863. 43	10. 96	56 644. 00	电子设备制造
832075. NQ	东方水利	15 761. 53	-1. 07	2 793. 88	20. 31	89 941. 96	水利水电设备
834486. NQ	德佑电气	15 686. 01	79. 91	-298. 53	-5. 45	6 215. 00	电气机械
835017. NQ	中研股份	15 588. 57	37. 72	2 412. 32	9. 56	200 772. 00	化学制品
837455. NQ	邦盛北斗	15 509. 90	238. 21	3 334. 94	44. 93	71 213. 85	公共关系
833751. NQ	惠同新材	15 406. 80	-3. 49	2 138. 41	10. 25	45 425. 84	金属制品
837393. NQ	诺和股份	15 199. 65	18. 67	995. 78	15. 86	5 045. 10	绞盘产品
830803. NQ	新松医疗	15 179. 90	179. 53	3 336. 81	28. 69	117 976. 32	氧气机
831658. NQ	华升泵阀	15 175. 26	17. 77	2 485. 25	20. 83	—	石油化工泵
873131. NQ	金石钻探	15 102. 14	7. 39	2 208. 86	16. 19	—	—
832208. NQ	尔格科技	15 095. 56	29. 15	603. 81	4. 48	42 905. 30	铁路产品
837044. NQ	德蓝股份	15 059. 83	-20. 15	-705. 57	-3. 99	19 932. 76	污水处理
831565. NQ	润成科技	15 057. 95	80. 59	999. 53	3. 42	48 955. 80	电子仪器仪表
833707. NQ	精华股份	15 042. 12	2. 03	1 251. 72	16. 83	15 300. 00	汽车配件
831212. NQ	耐磨科技	14 982. 94	-8. 93	1 191. 52	9. 07	16 020. 40	耐磨铸件产品
837819. NQ	华泰机械	14 965. 30	7. 43	1 163. 14	18. 33	18 665. 26	机械
870154. NQ	伊发电力	14 778. 03	-21. 97	2 028. 11	27. 22	—	电气机械
872562. NQ	瑞兆激光	14 597. 30	-18. 57	1 458. 51	9. 09	—	设备修理
833243. NQ	龙辰科技	14 544. 28	40. 14	215. 48	1. 26	6 805. 44	电子薄膜
871478. NQ	巨能股份	14 542. 40	-3. 49	2 477. 14	24. 29	45 284. 80	智能设备
871970. NQ	大禹生物	14 484. 67	27. 02	3 274. 23	18. 37	48 660. 48	饲料
836277. NQ	中科恒运	14 465. 17	7. 27	1 539. 00	9. 89	16 080. 25	大数据
430685. NQ	新芝生物	14 452. 03	16. 70	3 576. 79	27. 20	133 180. 00	生物科学仪器

续表

证券代码	证券简称	营业收入（万元）	收入增速（%）	净利润（万元）	ROE（%）	总市值（万元）	行业
870170. NQ	宇林德	14 412. 30	-30. 04	264. 56	1. 27	34 377. 16	石墨制品
839725. NQ	惠丰钻石	14 249. 43	31. 21	3 163. 73	21. 99	245 320. 50	非金属矿物
833467. NQ	纳美新材	14 213. 67	-3. 41	1 028. 34	12. 49	7 807. 80	水性色浆
834134. NQ	中业科技	14 082. 30	-32. 20	-1 632. 95	-28. 79	16 251. 24	互联网服务
831207. NQ	南方制药	14 056. 23	-2. 68	1 528. 90	4. 13	47 115. 50	医药原料
871964. NQ	江苏迈达	14 054. 18	7. 75	2 028. 63	30. 02	—	化学制品
834552. NQ	斯巴克瑞	14 049. 61	49. 62	1 687. 30	25. 19	2 050. 00	汽车制造
833454. NQ	同心传动	14 009. 27	21. 02	2 960. 59	17. 90	30 540. 00	传动轴零部件
870426. NQ	普英特	13 994. 51	-10. 72	1 106. 52	10. 01	—	擦窗机
831593. NQ	朗昇电气	13 897. 71	28. 87	1 244. 82	10. 76	23 091. 51	电器设备
872320. NQ	康亚药业	13 883. 26	-23. 22	1 787. 77	8. 91	60 468. 35	医药制造
872374. NQ	云里物里	13 778. 46	15. 52	2 107. 54	24. 82	114 829. 52	计算机制造
832437. NQ	三泰新材	13 732. 46	6. 30	1 674. 90	12. 20	19 600. 00	轧辊
838451. NQ	天成科技	13 729. 25	24. 68	1 124. 29	13. 19	—	塑料制品
832094. NQ	金昌蓝宇	13 724. 92	-11. 99	1 942. 13	10. 72	38 400. 00	电工合金
832885. NQ	星辰科技	13 709. 98	44. 21	3 843. 00	20. 66	210 456. 32	伺服系统
838939. NQ	金坤新材	13 690. 07	31. 26	1 613. 18	39. 91	19 631. 03	电子设备
872895. NQ	花溪科技	13 656. 19	32. 04	2 587. 44	30. 33	67 868. 30	机械制造
872921. NQ	国源电气	13 615. 97	58. 00	259. 32	2. 83	—	工业机械
838593. NQ	大唐科技	13 580. 58	11. 64	2 476. 40	15. 11	34 522. 48	燃气服务
830857. NQ	金冠科技	13 500. 10	4. 15	1 527. 00	17. 75	8 463. 00	防伪包装
839805. NQ	中德生物	13 433. 74	20. 12	2 091. 02	10. 03	27 963. 37	食品安全检测
839161. NQ	天马电器	13 389. 23	76. 60	1 947. 49	18. 98	7 834. 90	控制设备
839341. NQ	福立仪器	13 288. 22	12. 80	2 581. 22	31. 67	—	仪器仪表制造
830902. NQ	长仪股份	13 286. 90	-22. 59	1 316. 26	8. 42	11 781. 67	石油天然气
839205. NQ	盛昌电气	13 285. 15	32. 27	1 292. 59	13. 11	12 473. 02	配电设备
835657. NQ	鸿宝科技	13 240. 46	27. 51	250. 53	3. 45	7 417. 44	LED 照明
839587. NQ	鼎泰药业	13 213. 15	20. 81	996. 01	20. 80	3 025. 00	医药

续表

证券代码	证券简称	营业收入（万元）	收入增速（%）	净利润（万元）	ROE（%）	总市值（万元）	行业
839732. NQ	力博医药	13 168. 27	13. 02	2 543. 39	17. 00	77 156. 20	医药制造
838624. NQ	文龙中美	13 134. 09	4. 72	2 378. 54	20. 99	19 800. 62	工程设计
838558. NQ	海兴科技	13 115. 01	−3. 53	298. 99	2. 93	33 787. 50	收纳用品
430408. NQ	帝信科技	13 099. 64	−18. 54	−909. 19	−4. 38	23 795. 21	通信设备
430716. NQ	爱力浦	13 096. 31	6. 98	504. 21	4. 78	9 236. 70	计量泵
872337. NQ	卓奥科技	13 062. 29	1. 74	1 865. 12	22. 23	139 875. 00	智能设备
838949. NQ	恒远药业	12 920. 64	15. 48	3 315. 27	24. 99	2 847. 46	医药制造
872307. NQ	创举科技	12 877. 54	50. 83	2 297. 14	25. 83	—	节能设备
833455. NQ	汇隆活塞	12 827. 92	−7. 48	3 727. 80	20. 04	11 264. 00	发动机活塞
871415. NQ	欧陆电气	12 709. 21	15. 05	1 561. 38	16. 98	—	电气机械
872200. NQ	欣隆环保	12 611. 04	4. 33	1 633. 17	10. 82	130 240. 00	专用设备制造
831244. NQ	星展测控	12 558. 65	19. 89	870. 54	5. 69	96 988. 04	卫星通信
871229. NQ	合力创新	12 556. 33	24. 08	2 700. 25	29. 25	46 400. 00	信息技术
833404. NQ	飞日科技	12 552. 85	30. 30	664. 81	12. 26	10 403. 90	润滑油
837823. NQ	驿路通	12 536. 54	78. 58	298. 86	4. 35	8 216. 00	光电子器件
872787. NQ	冬驭新材	12 506. 83	7. 87	1 544. 66	27. 44	—	散热材料
831048. NQ	天成股份	12 490. 51	0. 85	340. 91	3. 23	—	胶印印刷
836949. NQ	源启科技	12 428. 83	3. 10	277. 42	2. 89	36 000. 00	医疗信息软件
832234. NQ	鸿通管材	12 422. 42	−34. 81	303. 30	1. 45	840. 00	管材
831935. NQ	倍格曼	12 271. 60	19. 36	2 388. 19	28. 85	1 920. 00	有色金属
839187. NQ	视瑞特	11 976. 20	75. 98	2 269. 71	35. 46	—	监视器
831846. NQ	飞驰环保	11 956. 77	−21. 74	1 730. 37	10. 48	16 762. 21	水面清洁船
834407. NQ	驰诚股份	11 829. 25	17. 28	2 829. 81	17. 74	51 525. 18	仪器仪表
871037. NQ	天和环保	11 824. 05	13. 44	2 153. 03	20. 95	26 518. 80	脱水提质
838082. NQ	众加利	11 759. 99	−8. 31	1 425. 27	15. 32	17 609. 80	智能电子称重
834399. NQ	贝源检测	11 675. 57	9. 93	1 363. 53	16. 19	11 284. 00	环境保护
833580. NQ	科创新材	11 570. 70	5. 63	2 642. 82	14. 04	37 737. 00	—
833835. NQ	天鸿设计	11 520. 65	−35. 07	1 525. 61	7. 18	73 265. 02	市政建设

续表

证券代码	证券简称	营业收入（万元）	收入增速（%）	净利润（万元）	ROE（%）	总市值（万元）	行业
835792. NQ	科力特	11 378. 83	-24. 6	449. 10	3. 52	18 620. 00	金属冶炼
430732. NQ	威马股份	11 242. 49	-6. 18	1 281. 30	10. 27	37 125. 00	油气设备
873462. NQ	河钢数字	11 219. 19	63. 91	999. 52	14. 93	—	—
836946. NQ	高服股份	11 200. 79	10. 48	1 661. 85	20. 44	—	机械制造
837581. NQ	川力科技	11 110. 20	4. 28	1 937. 65	16. 64	—	摩托车机油泵
838971. NQ	天马新材	11 085. 38	-1. 99	1 565. 05	14. 58	86 353. 56	特种氧化铝粉
832685. NQ	华洋科技	11 075. 64	334. 15	3 063. 63	34. 78	45 532. 43	计算机制造
872355. NQ	晋坤股份	11 037. 87	-1. 32	133. 19	0. 99	18 077. 09	矿物制品
836679. NQ	科睿特	11 029. 88	28. 77	1 749. 25	14. 18	26 460. 00	信息技术服务
873577. NQ	菲尔特	10 970. 85	-27. 05	2 290. 64	16. 98	83 114. 75	—
836898. NQ	龙泰新材	10 871. 31	4. 54	1 278. 35	22. 63	432. 00	高分子材料
839634. NQ	合力机泵	10 857. 96	-18. 70	1 079. 72	8. 64	—	工业机械
872423. NQ	百达智能	10 774. 77	18. 01	1 694. 18	14. 12	—	专用设备
430391. NQ	万特电气	10 712. 66	10. 51	2 368. 94	15. 80	19 044. 28	电力模拟设备
834042. NQ	欣宇科技	10 705. 49	4. 30	450. 16	6. 10	6 285. 80	卫浴配件
834707. NQ	爱迪科技	10 669. 46	-8. 75	1 262. 38	15. 83	33 930. 00	信息系统集成
834040. NQ	华信电气	10 666. 78	-10. 82	394. 96	4. 63	—	输配电设备
839939. NQ	德中技术	10 600. 38	21. 55	989. 67	13. 04	22 681. 52	激光精密加工
832620. NQ	中安股份	10 586. 19	-32. 43	-1 732. 55	-12. 74	35 411. 40	公共安全系统
832601. NQ	天鸿新材	10 514. 83	14. 26	572. 61	13. 32	—	包装
430513. NQ	中科三耐	10 509. 64	48. 82	2 534. 22	9. 34	92 320. 97	合金材料
430748. NQ	恒均科技	10 464. 31	76. 52	619. 08	9. 97	8 455. 00	冶金制品
873322. NQ	中船精达	10 407. 34	3. 64	1 179. 04	10. 61	—	—
430663. NQ	大陆股份	10 369. 60	24. 45	639. 55	5. 09	11 142. 60	系统集成服务
872461. NQ	山东京普	10 327. 95	32. 63	1 080. 65	6. 26	43 976. 63	太阳能设备
835370. NQ	东江菲特	10 316. 52	16. 46	643. 43	8. 26	15 708. 00	汽车零件
833675. NQ	环宇科技	10 305. 62	-25. 52	-155. 68	-1. 03	20 457. 49	玻璃
430553. NQ	海红技术	10 289. 27	1. 74	647. 69	4. 70	9 863. 95	通信设备制造

续表

证券代码	证券简称	营业收入（万元）	收入增速（%）	净利润（万元）	ROE（%）	总市值（万元）	行业
836552. NQ	博深科技	10 288. 59	57. 89	1 570. 16	13. 32	30 227. 75	安全设备
838426. NQ	飞鲸新材	10 285. 98	10. 93	1 034. 10	23. 14	1 615. 60	涂料制造
831526. NQ	凯华材料	10 234. 85	10. 46	2 036. 41	18. 23	61 690. 00	电子封装材料
837363. NQ	沃达农科	10 205. 59	-10. 63	64. 67	1. 34	6 180. 00	复混肥料制造
873363. NQ	鑫泰新材	10 189. 42	0. 29	913. 21	20. 47	2 087. 35	—
833887. NQ	庞泰环保	10 154. 49	29. 09	1 234. 53	18. 60	13 724. 00	净水设备
835773. NQ	纵横科技	10 141. 41	-23. 62	490. 04	6. 46	18 390. 00	信息技术服务
871394. NQ	立信数据	10 138. 55	21. 59	1 422. 72	32. 48	16 796. 37	市场调查
833073. NQ	威盛电子	10 105. 36	-6. 45	2 645. 06	13. 29	78 210. 00	油田生产设备
832522. NQ	纳科诺尔	10 102. 33	-54. 29	-2 631. 88	-14. 16	65 320. 65	电池设备
871827. NQ	万杰科技	10 100. 86	31. 77	1 601. 01	31. 77	—	印刷专用设备
833700. NQ	阿斯克	10 063. 61	-7. 09	870. 98	8. 47	21 184. 80	保温材料
430590. NQ	晶宝股份	10 048. 60	36. 60	1 395. 03	20. 05	97 999. 51	电子元件
834605. NQ	鸿晔科技	9 917. 03	62. 35	4 591. 69	71. 66	110. 00	电子产品
838997. NQ	恒驱电机	9 913. 37	2. 40	1 824. 04	28. 71	63 505. 00	电机
839073. NQ	亿鑫丰	9 708. 44	30. 06	500. 18	13. 62	—	专用设备制造
835391. NQ	百事宝	9 672. 37	24. 57	1 562. 64	10. 01	71 424. 96	电气机械
839786. NQ	源明杰	9 596. 71	99. 06	262. 09	10. 12	—	智能卡
836414. NQ	欧普泰	9 512. 45	187. 19	2 004. 71	41. 09	77 796. 33	光伏检测设备
871870. NQ	天诚股份	9 440. 39	7. 64	1 181. 10	6. 40	—	汽车零部件
831724. NQ	信而泰	9 426. 31	118. 17	2 810. 41	30. 61	65 026. 50	通信网络测试
870014. NQ	金牛电气	9 415. 31	-27. 77	511. 69	2. 93	—	电气机械器材
832291. NQ	中泊防爆	9 375. 87	-13. 02	2 454. 51	8. 56	26 400. 00	五金工具
838388. NQ	凯能科技	9 328. 75	15. 89	1 004. 52	10. 60	—	余热锅炉
830809. NQ	安达科技	9 260. 53	-39. 71	-18 255. 79	-19. 69	568 297. 93	磷酸铁锂
873151. NQ	翰联色纺	9 097. 86	-14. 13	611. 33	6. 56	27 060. 00	—
837601. NQ	天瑞电子	8 959. 60	-14. 31	1 741. 86	19. 09	33 600. 00	器材制造
832447. NQ	森馥科技	8 865. 96	12. 72	1 676. 35	15. 12	44 342. 45	仪器仪表

续表

证券代码	证券简称	营业收入（万元）	收入增速（%）	净利润（万元）	ROE（%）	总市值（万元）	行业
836560.NQ	科腾环保	8 720.27	−19.71	662.73	9.98	15 647.42	混凝土外加剂
833574.NQ	爱知之星	8 667.25	21.39	2 324.94	35.51	34 514.09	无纸化系统
833408.NQ	伊森新材	8 662.93	14.70	263.71	6.91	—	石油碳氢树脂
836797.NQ	东风机电	8 617.25	15.61	1 830.78	13.10	3 254.34	系列集成
838878.NQ	诺安环境	8 503.51	20.48	1 596.10	17.14	75 059.16	监测设备
430560.NQ	西部泰力	8 417.77	−0.59	956.62	8.17	10 800.00	智能搬运服务
838486.NQ	远正智能	8 375.09	78.64	2 783.01	39.93	12 673.92	科技服务
870757.NQ	森罗股份	8 333.55	44.25	552.70	6.26	13 199.80	低氧气调系统
871645.NQ	贵州捷盛	8 327.94	−20.00	960.18	8.85	23 746.43	凿岩钎钢钎具
834377.NQ	德博科技	8 240.66	11.99	1 275.09	10.81	24 420.00	内燃机配件
836913.NQ	中鼎恒业	8 169.38	6.74	1 178.72	17.08	10 183.19	节能技术
835492.NQ	铸金股份	8 136.86	6.70	398.21	2.05	38 119.00	合金粉体
872741.NQ	农友股份	8 105.26	56.57	653.13	11.58	5 060.00	园艺机具
872958.NQ	硕恩网络	8 022.55	39.95	1 859.77	29.85	83 966.86	数据处理
871064.NQ	科瑞变流	8 006.91	−28.65	304.34	3.94	—	整流系统
833165.NQ	智科股份	7 856.84	14.00	903.00	14.61	20 774.56	控制器
872609.NQ	天利热工	7 839.97	71.75	887.75	15.22	4 650.00	通用设备制造
832577.NQ	优美特	7 802.37	37.83	1 136.41	16.66	21 783.00	新材料
837654.NQ	文昌科技	7 746.75	19.66	514.27	5.66	21 951.97	汽车制造
870952.NQ	三辰电器	7 687.34	10.47	179.24	2.57	6 300.00	流电源系统
872816.NQ	毕托巴	7 653.21	12.40	2 955.09	29.91	13 731.29	控制装置
872636.NQ	东邦环保	7 640.95	−28.70	−180.80	−3.23	—	耐火材料
839148.NQ	升拓检测	7 243.01	61.35	1 214.65	17.10	8 400.00	检测设备
835691.NQ	海森电子	7 190.43	−21.08	790.42	7.93	—	节水灌溉
430290.NQ	和隆优化	7 095.62	13.92	2 166.10	14.60	71 250.00	信息技术服务
832780.NQ	科瑞生物	7 045.34	−66.57	−523.77	−4.81	74 000.09	医药中间体
830824.NQ	华虹科技	7 041.93	14.34	297.62	5.64	9 100.00	矿井物探技术
838133.NQ	康能电气	6 769.57	−26.10	152.57	1.70	8 400.00	电器机械器材

续表

证券代码	证券简称	营业收入（万元）	收入增速（%）	净利润（万元）	ROE（%）	总市值（万元）	行业
838587. NQ	泽鑫科技	6 750. 82	13. 25	1 703. 14	31. 6	26 956. 80	智能电网
836967. NQ	爱去欧	6 664. 42	20. 71	948. 05	25. 34	5 283. 60	净水设备
838632. NQ	协同环保	6 497. 52	-31. 63	-696. 83	-9. 71	25. 13	工业水处理
839163. NQ	中安华邦	6 336. 67	70. 29	898. 98	20. 62	23 420. 00	安全生产教育
839589. NQ	百澳股份	5 809. 48	13. 02	199. 69	8. 56	3 220. 00	玻璃制品
831994. NQ	中冀联合	5 376. 57	20. 47	1 689. 87	20. 27	23 423. 40	无线通信设备
838811. NQ	瀚正科技	5 156. 31	64. 57	1 141. 69	32. 88	1 757. 78	信息技术服务
873320. NQ	华峰动力	5 012. 32	9. 07	-134. 23	-1. 32	12 555. 56	—
870797. NQ	方兴实业	4 767. 75	-0. 59	598. 86	9. 72	—	阀门
871849. NQ	远东药业	4 373. 33	-16. 57	71. 96	1. 34	—	医药制造
832107. NQ	达能电气	3 882. 55	-38. 59	-2 562. 58	-18. 13	22 944. 61	智能安全系统
871847. NQ	百盈高新	3 739. 42	6. 93	294. 24	12. 85	2 655. 00	元器件制造
832980. NQ	怡林实业	2 439. 58	-39. 67	113. 01	2. 48	13 178. 88	信息技术应用
838817. NQ	摘牌苏力	—	—	—	—	5 760. 00	自动涂装系统
833874. NQ	泰祥股份	—	-13. 23	—	13. 25	187 812. 00	汽车零部件及配件

五、如何参与北交所股票交易

（一）开立账户

1. 资格条件

个人投资者打新及交易，需满足“50 万元+2 年证券投资经验”的投资门槛。

《北京证券交易所投资者适当性管理办法（试行）》规定，个人投资者参与北交所市场新股申购及二级市场交易，只需符合两个条件：

一是申请权限开通前 20 个交易日证券账户和资金账户内的资产日均不低于人民币 50 万元；二是参与证券交易 24 个月以上。

机构投资者目前不设资金门槛。

2. 申请手续

申请人可联系各大券商，目前支持开通北交所交易权限的券商已超过40家，不少支持7×24小时在线受理。申请人按券商要求提供身份信息，选择证券账户及填写承诺问卷后，将检验准入门槛及适当性匹配要求，并完成知识测评，签署风险揭示书、风险告知及适当性匹配结果确认书等电子协议，之后即可提交权限开通申请。

（二）交易风险防控

我们知道理财收益在4%左右，如果将理财的资金取出来用于股票打新，预期收益应该远高于理财收益，但事实上，现在的打新不再是一劳永逸、一本万利的生意。随着上市首日破发案例的逐渐增多，大家对于股票注册制和打新有了新的认识。

从理论上说，任何股票都有破发的风险，对北交所上市公司而言也是如此。但目前来说北交所上市公司质量良好，具有科技创新属性，发行市盈率不太高，发行比例较低，因此北交所破发的风险较低。那些上市首日即破发的公司，通常具有以下特点：

①业绩不具可持续性。

②发行价格较高。

③融资规模大、战略比例低、流通盘大。

大家须加以注意，深入广泛地查阅发行人的数据信息，以研究公司价值为导向，避免简单撞大运式的打新。

第六章

北交所案例

本章从北交所已上市企业中，选取了在不同行业有代表性的企业，对企业经营状况进行简要的介绍，通过对比分析，以期对将来登陆北交所的企业具有一定参考和借鉴意义。

一、生物医药行业

（一）锦好医疗：十年深耕医疗器械，缔造助听器领导品牌

1. 业务概况

公司主要从事康复医疗器械和家用医疗器械的研发、生产和销售，主要产品包括：助听器、雾化器、防褥疮气垫等。公司产品主要为个人消费者及广大家庭提供辅助听力、呼吸道疾病治疗、保健护理等功能，帮助消费者进行疾病症状的改善、疾病预防和治疗，提升生活品质。

公司以海外销售为主，出口地区覆盖欧洲、亚洲、美洲等全球 90 余个国家和地区，客户包括德国西万拓、日本绿橡树、德国博尔乐等知名企业。报告期内，公司的海外销售收入占主营业务收入的比例在 80%以上，在国际市场具备较强的竞争力。根据海关统计数据在线查询平台获取的数据，2018 年至今，公司助听器产品的出口销售数量和出口销售金额占全国境内助听器产品出口数量和金额的比例逐年增长，2020 年，公司助听器出口销售数量占全国境内助听器出口销售数量的比例已达 12. 26%。

公司将重点围绕助听器等产品，持续进行研发创新、提升产品技术水平，在深耕海外市场的同时加大对国内市场的品牌投入力度，致力于打造国产助听器的龙头企业。

2. 竞争优势

（1）技术优势

公司自成立以来高度重视助听器 DSP 数字信息处理技术的投入和研发，经过多年技术积累，已掌握了以 MCU+Amplifer 技术方案为代表的第二代助听器技术和以 DSP 数字信号处理技术方案为代表的第三代数字助听器技术，这也是目前备受国内外客户所青睐的两大类产品，并且公司自主开发自动化的生产线，不仅提高了产品的生产效率，而且确保了产品的一致性和可靠性，品质得到保证，具备一定的核心竞争优势。截至本公开发行说明书签署日，公司共拥有 107 项国内有效专利，其中包括 3 项发明专利、38 项实用新型专利、66 项外观专利；另有 8 项软件著作权。

（2）产品质量优势

公司制定了严格的产品生产标准，不断提高研发水平，运用先进声学算法技术，提高产品质量。在生产环节，十分关注产品质量的把控，在原材料采购、生产环节监控、样品检测、成品抽查等环节均制定了较严格、系统的流程，确保产品质量满足客户的需求。公司产品质量得到了广大客户和质量监管机构的认可，并取得了美国 FDA 认证、欧洲 CE 认证、中华人民共和国医疗器械注册证、ISO9001 和 ISO13485 质量管理体系认证等多项认证。

（3）产品型号丰富的优势

公司核心产品助听器的种类和型号丰富，从外观设计、功能需求、使用需求等多角度出发设计形成了多款助听器产品，可覆盖高中低端不同类型的消费者的差异化需求，为国际市场的发展和国内市场的开拓奠定了良好的基础。

（4）地域优势

以珠江三角洲为中心的高新技术产业带已经成为我国规模最大、发展速度最快的产业集群，聚集了大量的国内外知名厂商，区域内的半导体电子元器件、模具厂等上游主要原材料供应链配套完善，区域内产品规模和技术水平在全国都具有举足轻重的地位。公司地处广东东南部，紧邻广州、深圳、东莞、珠海等大湾区经济带核心引擎城市，毗邻香港、澳门，靠近深圳盐田港、东莞虎门港，辐射缅甸、越南等东南亚国家，交通便利，具备一定地域优势。

3. 财务摘要

锦好医疗财务摘要见表6-1。

表6-1 锦好医疗财务摘要

项目	2021年6月30日/2021年1—6月	2020年12月31日/2020年度	2019年12月31日/2019年度	2018年12月31日/2018年度
资产总额（元）	162 195 052.69	166 944 227.05	103 073 285.15	80 390 902.96
股东权益合计（元）	130 382 665.37	120 130 772.26	79 128 189.39	60 213 520.20
归属于母公司所有者的股东权益（元）	131 476 714.10	120 778 751.68	79 128 189.39	60 213 520.20
资产负债率（母公司）（%）	19.17	27.74	23.23	25.10
营业收入（元）	99 723 628.27	211 480 597.53	149 094 591.94	104 979 527.59
毛利率（%）	36.47	41.85	41.31	39.18
净利润（元）	10 584 485.47	40 640 490.74	24 618 829.57	19 924 058.43
归属于母公司所有者的净利润（元）	11 030 554.78	41 388 470.16	24 618 829.57	19 924 058.43
扣除非经常性损益后的净利润（元）	9 976 629.31	37 997 609.38	27 183 179.59	19 229 043.98
归属于母公司所有者的扣除非经常性损益后的净利润（元）	10 422 698.62	38 745 588.80	27 183 179.59	19 229 043.98
加权平均净资产收益率（%）	8.78	38.95	34.79	42.70
扣除非经常性损益后净资产收益率（%）	8.30	36.46	38.41	41.21
基本每股收益（元）	0.31	1.16	0.70	0.59
稀释每股收益（元）	0.31	1.16	0.70	0.59
经营活动产生的现金流量净额（元）	-17 817 167.16	44 544 867.68	19 848 982.69	16 394 525.32
研发投入占营业收入的比例（%）	5.44	5.04	5.48	4.48

4. 精选层标准

公司系在全国股转系统连续挂牌满 12 个月的创新层挂牌公司，拟按照“标准一”申请公开发行并进入精选层。即：市值不低于 2 亿元，最近 2 年净利润均不低于 1 500 万元且加权平均净资产收益率平均不低于 8%，或者最近 1 年净利润不低于 2 500 万元且加权平均净资产收益率不低于 8%。公司进层标准的具体对比见表 6-2：

表 6-2　公司进层标准

具体进层标准	公司 2020 年财务数据	是否符合进层标准
市值不低于 2 亿元	按照发行底价 16 元、发行后总股本 4 860 万股测算，公司发行后市值为 7.78 亿元	是
最近一年净利润不低于 2 500万元	3 874.56 万元	是
加权平均净资产收益率不低于 8%	36.46%	是

（二）数字人：医学解剖学教育细分行业龙头

1. 业务概况

公司是一家专注于数字医学领域的软件开发企业，利用自身在断层图像分割、三维重建与可视化处理、系统应用开发等方面的技术创新和积累，从事“数字人体技术”的研发及应用推广，并为客户提供医学教育信息化产品及整体解决方案。

公司主要产品包括数字人解剖系统、形态学教学系统及数字化实验室整体解决方案等，现有业务主要应用于医学教育、临床医疗及生命科教领域，致力于满足医学院校及医疗机构等客户在教学及培训过程中对教学方式、教学手段及师资条件等的数字化、信息化需求。

医学教育是国民教育重要的组成部分，涉及医疗和教育等关键民生领域，公司在数字医学领域的研究工作可以促进医学教育的发展，具有较强的社会意义。通过与北京大学、中国人民解放军陆军军医大学、山东大学、内蒙古医科大学等知名院校、机构合作，公司实现了计算机信息化技术和传统医学的跨界融合，拥有包括 8 项发明专利、41 项软件著作权在内的多项自主知识产权，公司现有的“中国数字人解剖系统”“医学形态学数字化教学系统”等产品，已在全国400余家医学类院校、数十家科技展馆及多家海外医学院校广泛应用，公司与山东大学合作推广的“我国数字解剖学教学体系创建与推广”项目还获得了“国家级教学成果二等奖”“山东省科技进步三等奖”等多项荣誉。因此，公司在业内已形成了较为明显的技术优势和品牌影响力。

2. 财务摘要

数字人财务摘要见表6-3。

表6-3 数字人财务摘要

项目	2020年6月30日/2020年1—6月	2019年12月31日/2019年度	2018年12月31日/2018年度	2017年12月31日/2017年度
资产总额（元）	145 641 623.80	184 980 878.13	138 020 376.04	142 215 134.91
股东权益合计（元）	139 046 480.02	162 146 133.49	127 080 331.66	123 741 030.21
归属于母公司所有者的股东权益（元）	139 420 032.00	162 278 481.77	127 080 331.66	123 741 030.21
每股净资产（元）	2.38	2.78	2.18	4.24
归属于母公司所有者的每股净资产（元）	2.39	2.78	2.18	4.24
资产负债率（合并）（%）	4.53	12.34	7.93	12.99
资产负债率（母公司）（%）	4.31	12.45	7.93	12.99
营业收入（元）	15 029 285.55	111 529 166.21	74 040 510.47	80 333 437.95
毛利率（%）	67.62	68.75	73.72	66.91
净利润（元）	-124 053.47	35 065 801.83	23 766 701.45	25 258 816.14
归属于母公司所有者的净利润（元）	117 150.23	35 198 150.11	23 766 701.45	25 258 816.14
扣除非经常性损益后的净利润（元）	-1 587 872.13	33 202 100.33	21 155 076.45	24 724 916.15
归属于母公司所有者的扣除非经常性损益后的净利润（元）	-1 346 668.43	33 334 448.61	21 155 076.45	24 724 916.15

续表

项目	2020年6月30日/2020年1—6月	2019年12月31日/2019年度	2018年12月31日/2018年度	2017年12月31日/2017年度
息税折旧摊销前利润（元）	897 858.28	41 582 801.59	27 983 736.55	29 949 244.86
加权平均净资产收益率（%）	0.08	24.33	19.21	34.36
扣除非经常性损益后净资产收益率（%）	-0.87	23.04	17.10	33.63
基本每股收益（元）	0.00	0.60	0.41	0.43
稀释每股收益（元）	0.00	0.60	0.41	0.43
经营活动产生的现金流量净额（元）	2 337 731.91	34 496 340.00	24 558 868.11	18 441 066.92
每股经营活动产生的现金流量净额（元）	0.04	0.59	0.42	0.63
研发投入占营业收入的比例（%）	48.76	15.68	21.32	19.35
应收账款周转率	0.45	3.14	2.01	2.29
存货周转率	0.89	7.00	4.97	10.36
流动比率	16.94	6.68	11.09	7.70
速动比率	16.02	6.40	10.71	7.47

3. 精选层标准

发行人2018年度和2019年度归属于母公司股东的净利润（扣除非经常性损益前后孰低数）分别为2 115.51万元、3 333.44万元，最近2年加权平均净资产收益率（扣除非经常性损益前后孰低数）分别为17.10%、23.04%。公司适用《全国中小企业股份转让系统分层管理办法》第十五条第（一）项标准：市值不低于2亿元，最近2年净利润均不低于1 500万元且加权平均净资产收益率平均不低于8%，或者最近1年净利润不低于2 500万元且加权平均净资产收益率不低于8%。

（三）森萱医药：细分领域领先企业，抗肿瘤类原料药增长显著

1. 业务概况

发行人主营业务为化学原料药、医药中间体及含氧杂环类化工中间体

的研发、生产及销售，其中原料药主要涵盖抗肿瘤类原料药、解热镇痛抗炎类原料药、抗癫痫类原料药等；医药中间体产品主要涵盖抗艾滋病类医药中间体、抗癫痫类医药中间体、抗肿瘤类医药中间体等；含氧杂环类化工中间体主要包括二氧五环、二氧六环。

目前，公司拥有 19 种国内原料药注册批件，其中 10 种原料药品种已获得国内 GMP 认证资质，5 种原料药品种已获得欧盟 CEP 认证资质，2 种原料药品种已获得澳大利亚 GMP 认证资质，4 种原料药产品已获得美国 DMF 注册文件，1 种原料药产品已获得美国 VMF 注册文件，且公司已通过了美国 FDA 现场核查（Establishment Inspection Report），公司产品远销欧洲、美洲，拥有较强的海外市场竞争实力。

公司子公司南通公司及鲁化森萱系高新技术企业，公司为提升新产品、新技术研发水平，实施行业共性技术攻关，组建了三大省级研发平台，即江苏省抗肿瘤药物工程技术中心、江苏省企业技术中心及江苏省研究生工作站，形成了化学药原料药从实验研发、小试、中试到小批量生产各环节研发能力，同时在一定程度上具备了从事基础性研究能力。目前，公司拥有专利 53 项（其中发明专利 10 项、实用新型 43 项），正在申请的专利 27 项；公司同时还拥有 10 项软件著作权。

公司产品结构丰富：原料药方面，产品包括氟尿嘧啶、保泰松、吡罗昔康、苯巴比妥、扑米酮等，这些原料药品种在国内通过 GMP 认证的企业数量较少，公司具有较强的产品优势；医药中间体方面，产品包括利托那韦类医药中间体和苯巴比妥医药中间体，其中，利托那韦系抗艾滋病类医药中间体，2020 年 1 月 27 日国家卫健委办公厅颁布《新型冠状病毒感染的肺炎诊疗方案（试行第四版）》，将洛匹那韦/利托那韦作为治疗新冠肺炎抗病毒的主要药物之一；化工中间体方面，公司系国内优质的二氧五环及二氧六环生产供应商之一。

2. 竞争优势

（1）研发和技术优势

公司自成立以来一直专注于特色原料药及医药中间体的研发、生产和销售，对特色原料药和医药中间体持续投入研发，对现有产品的工艺技术不断进行优化，对原料药及医药中间体按照最先进的路线设计并研发，多项产品技术指标已达到国际先进水平，为公司在新领域的拓展打下坚实基础。

（2）产品质量优势

拥有完善的产品管理体系，为公司产品质量打下了坚实基础。截至目前，公司 10 项原料药品种已获得国内 GMP 认证资质，5 项原料药品种已获得欧盟 CEP 认证资质，2 项原料药品种已获得澳大利亚 GMP 认证资质，4 项原料药产品已获得美国 DMF 注册文件，1 项原料药产品已获得美国 VMF 注册文件，且公司已通过了美国 FDA 现场核查（Establishment Inspection Report）。欧洲、美国等规范市场对进口化学原料药的质量、生产工艺、生产过程控制要求非常严格，一般医药企业进入难度较大，公司多数主导产品生产质量管理标准已经达到了欧美规范市场的要求。

（3）客户资源优势

在国内市场，公司将产品直接销售给各制药企业和大型医药流通企业，由于国内销售市场需要严格遵守 GMP 法规等，一般情况下，下游客户变更原料药供应商时程序较为复杂，因此公司与客户的合作关系较为稳定。

在国外市场，公司的销售市场主要集中在欧洲、美洲和亚洲，将产品直接销售给国外制药企业和国内外贸易公司，目前公司拥有一批稳定的国外客户。国内药品进入国外市场需要符合不同国家卫生部门的法规要求，并在当地药监局进行注册；同时，下游客户对原料药在质量保证、产品规格、产品注册与变更、原料药与制剂的相融性、药物稳定性等方面都设有严格的控制要求，合格供应商认证程序非常烦琐且耗费时间，一旦双方确立合作关系，客户通常不会轻易变更原料药供应商。

（4）产品产业链协同优势

公司已建立了以南通森萱为医药中间体，以南通公司为原料药的一体化产业链模式，公司同时具备医药中间体与原料药生产、研发及销售的实力，一方面，公司通过医药中间体的研发，进一步提高了公司原料药产品的优势；另一方面，公司通过原料药市场的国际化地位，为公司医药中间体的发展打开了国际视野，更对医药中间体的研发提出了新的要求及思路，从而有力地增强了原料药自身的核心竞争力。

（5）生产安全及规模化优势

为有效确保公司生产安全，公司主要厂区均采取 DCS（Distributed Control System）集中控制系统，对装置生产过程中采取集中检测、显示、连锁、控制和报警。

公司主要产品生产工艺成熟完善，多数产品拥有自主知识产权，具备较强的成本、质量竞争力。公司生产工艺的设计兼顾了制造过程的安全性和“三废”排放的控制，力求原材料的循环利用和副产物的回收利用，努力降低“三废”总量，实现可持续发展。

公司建设前期经过严格详尽的规划设计，研发中心、质检中心、生产车间、危险品库、原料及成品仓库、原料罐区、动力中心等功能区域的分布合理、高效、配套一致，厂房布局整齐美观。建筑设施根据工艺流程设计，配套性强，根据产品规模，形成了多品种车间、专用品种车间等不同功能配套互补的生产链。

3. 财务摘要

森萱医药财务摘要见表6-4。

表6-4 森萱医药财务摘要

项目	2019年12月31日/2019年度	2018年12月31日/2018年度	2017年12月31日/2017年度
资产总额（元）	771 318 996.17	693 631 781.89	680 965 227.99
股东权益合计（元）	559 682 814.38	451 994 124.56	456 077 698.35
归属于母公司所有者的股东权益（元）	518 165 318.48	437 254 500.00	430 372 949.13
每股净资产（元）	1.53	1.23	1.24
归属于母公司所有者的每股净资产（元）	1.41	1.19	1.17
资产负债率（合并）（%）	27.44	34.84	33.02
资产负债率（母公司）（%）	1.43	4.97	37.44
营业收入（元）	507 062 158.28	384 977 630.24	384 394 042.23
毛利率（%）	44.47	38.34	37.96

续表

项目	2019年12月31日/2019年度	2018年12月31日/2018年度	2017年12月31日/2017年度
净利润（元）	112 429 962.05	52 394 417.23	45 332 277.93
归属于母公司所有者的净利润（元）	105 585 703.38	46 859 569.89	45 987 940.54
扣除非经常性损益后的净利润（元）	107 526 329.74	18 408 621.03	12 214 410.69
归属于母公司所有者的扣除非经常性损益后的净利润（元）	100 682 071.07	12 873 773.69	12 870 073.30
息税折旧摊销前利润（元）	177 504 110.54	103 376 295.16	91 836 644.96
加权平均净资产收益率（%）	21.52	9.73	11.25
扣除非经常性损益后净资产收益率（%）	20.52	7.11	5.64
基本每股收益（元）	0.29	0.13	0.13
稀释每股收益（元）	—	—	—
经营活动产生的现金流量净额（元）	122 122 650.40	106 860 007.35	84 916 020.42
每股经营活动产生的现金流量净额（元）	0.33	0.29	0.23
研发投入占营业收入的比例（%）	4.29	4.62	4.44
应收账款周转率	11.69	9.04	9.36
存货周转率	2.95	2.69	2.86
流动比率	1.27	1.02	0.92
速动比率	0.79	0.61	0.48

4. 精选层标准

2020年4月28日，发行人召开第二届董事会第二十次会议，审议通过了《关于公司向不特定合格投资者公开发行股票并在精选层挂牌的议案》，其中明确约定本次发行底价为3.36元/股，公司股本为36 691.834万股，若按照发行后最低股本数测算（公司发行后股本为4亿股），公司最低发行市值为13.44亿元。

发行人2019年归属母公司净利润为100 682 071.07元（上述净利润以

扣除非经常性损益后孰低为准），2019 年加权平均净资产收益率为 20.52%（上述加权平均净资产收益率以扣除非经常性损益后孰低为准）。

综上所述，公司符合精选层标准：市值不低于 2 亿元，最近 2 年净利润均不低于 1 500 万元且加权平均净资产收益率平均不低于 8%，或者最近 1 年净利润不低于 2 500 万元且加权平均净资产收益率不低于 8%。

二、TMT 行业

（一）汉鑫科技：专注机构数字化业务，政校医商数字化多领域布局

1. 业务概况

公司是信息系统集成的解决方案提供商，致力于为政府、企事业单位客户提供信息系统解决方案及相关服务，包括智能化信息系统设计和相关设备的选型采购、实施安装、开发调试，以及运营维护等。公司主营业务为信息系统集成服务，根据客户类型可分为政校医商类、涉密单位类和工业企业类，属于智慧城市行业综合解决方案范畴。

政校医商类服务：在政务、教育、医疗等领域为客户提供集咨询规划、方案设计、设备采购、系统实施、开发调试、运行维护为一体的政务信息化智能化产品和一体化解决方案。

涉密单位类服务：为党委、政府、纪检监察等有涉密需求的单位提供国产自主可控的涉密信息系统产品和解决方案。

工业企业类服务：通过公有云应用开展的模型设计、系统部署服务，为工业企业提供数字化转型服务，包括对产品设计、生产制造、仓储物流、管理创新等环节进行优化。

2. 竞争优势

（1）本地行业经验优势

公司自成立以来成功实施了信息化智能化项目 800 多个，在山东特别是烟台本地积累了一定经验，特别是在政务、医院、学校等领域能深度挖掘并满足客户需求，提供设计及实施方案。另外，公司报告期内完成了金额 500 万~1 000 万元的中型项目 12 个，1 000 万元以上的大型项目 13 个。

通过承接并顺利完成中大型项目的实施工作，能为公司积累烟台本地典型案例，提升公司产业链议价能力，形成公司的相对竞争优势。

（2）资质优势

公司先后取得了涉密信息系统集成资质（系统集成/软件开发/运行维护）、电子与智能化工程专业承包一级资质、建筑智能化系统设计专项甲级资质等。

其中，电子与智能化工程专业承包一级资质、建筑智能化系统设计专项甲级资质为相关业务的最高资质，可满足相关项目建设中的资质要求。

（3）服务优势

在公司优势地域和行业领域，公司为客户提供全面高效的服务，持续提升客户服务质量。公司通过建立专业化的项目实施和技术研发团队，打造全面专业的服务和技术支持，可为客户提供售前需求分析和咨询、售中项目实施和培训、售后运维服务和技术支持。

（4）研发、技术优势

截至 2021 年 3 月 31 日，发行人拥有专业技术人员 57 人，占员工总数的 52.29%。公司具备研发体系，有一定自主研发能力。公司目前拥有专利 18 项，软件著作权 66 项。公司持续的研发投入和技术储备为公司赢得在优势地域和行业领域的市场地位奠定了坚实基础。

针对企业数字化转型，公司创新政企合作商业模式，针对地方优势产业发展的需求，联合知名高新科技企业与地方政府共建“优势产业集群+人工智能”创新中心，为地方优势产业企业提供数字化转型服务，实现了客户全覆盖。

3. 财务摘要

汉鑫科技财务摘要见表 6-5。

表 6-5　汉鑫科技财务摘要

项目	2021 年 3 月 31 日/2021 年 1—3 月	2020 年 12 月 31 日/2020 年度	2019 年 12 月 31 日/2019 年度	2018 年 12 月 31 日/2018 年度
资产总额（元）	367 974 910.00	389 940 488.23	315 426 212.68	220 237 411.79
股东权益合计（元）	198 421 717.96	192 730 438.38	153 946 726.36	112 851 677.98

续表

项目	2021年3月31日/2021年1—3月	2020年12月31日/2020年度	2019年12月31日/2019年度	2018年12月31日/2018年度
归属于母公司所有者的股东权益（元）	198 421 717. 96	192 730 438. 38	154 289 417. 81	112 975 529. 48
每股净资产（元）	5. 25	5. 10	4. 08	2. 99
归属于母公司所有者的每股净资产（元）	5. 25	5. 10	4. 08	2. 99
资产负债率（合并）（%）	46. 08	50. 57	51. 19	48. 76
资产负债率（母公司）（%）	46. 26	51. 85	50. 57	48. 80
营业收入（元）	7 896 115. 22	253 839 357. 54	239 087 301. 14	163 732 115. 50
毛利率（%）	40. 82	35. 26	33. 70	39. 09
净利润（元）	5 700 458. 44	38 783 712. 02	40 964 951. 18	30 427 993. 96
归属于母公司所有者的净利润（元）	5 700 458. 44	38 998 575. 81	41 183 791. 13	30 542 698. 50
扣除非经常性损益后的净利润（元）	4 186 566. 57	35 557 106. 02	39 364 816. 38	30 351 698. 67
归属于母公司所有者的扣除非经常性损益后的净利润（元）	4 186 566. 57	35 782 319. 68	39 667 126. 27	30 481 403. 22
息税折旧摊销前利润（元）	8 571 152. 77	47 584 046. 22	48 612 379. 11	35 550 509. 18
加权平均净资产收益率（%）	2. 91	22. 44	30. 88	31. 38
扣除非经常性损益后净资产收益率（%）	2. 14	20. 59	29. 74	31. 32
基本每股收益（元）	0. 15	1. 03	1. 09	0. 81
稀释每股收益（元）	0. 15	1. 03	1. 09	0. 81
经营活动产生的现金流量净额（元）	24 199 578. 91	−20 214 807. 27	−5 180 292. 70	15 065 899. 18
每股经营活动产生的现金流量净额（元）	0. 64	−0. 54	−0. 14	0. 40

续表

项目	2021 年 3 月 31 日/2021 年 1—3 月	2020 年 12 月 31 日/2020 年度	2019 年 12 月 31 日/2019 年度	2018 年 12 月 31 日/2018 年度
研发投入占营业收入的比例（%）	28.56	4.41	4.54	6.34
应收账款周转率	0.03	0.91	1.13	1.10
存货周转率	1.03	14.08	11.13	8.99
流动比率	1.97	1.81	1.88	2.13
速动比率	1.94	1.79	1.77	2.03

4. 精选层标准

公司系在全国股转系统连续挂牌满 12 个月的创新层挂牌公司，拟按照《全国中小企业股份转让系统分层管理办法》第十五条挂牌公司进入精选层之财务指标（一）申请公开发行并进入精选层，即：市值不低于 2 亿元，最近 2 年净利润均不低于 1 500 万元且加权平均净资产收益率平均不低于 8%，或者最近 1 年净利润不低于 2 500 万元且加权平均净资产收益率不低于 8%。

（二）云创数据：深耕大数据处理，面向公共安全、环境监测和学科教育领域

1. 业务概况

发行人是以提供大数据存储产品、大数据处理产品及解决方案为主营业务的高新技术企业，是一家拥有核心技术的大数据存储产品供应商与大数据处理产品及解决方案提供商。目前，发行人的业务范围已涵盖公共安全、环境监测及学科教育领域。

2. 财务摘要

云创数据财务摘要见表 6-6。

表 6-6 云创数据财务摘要

项目	2020 年 12 月 31 日/2020 年度	2019 年 12 月 31 日/2019 年度	2018 年 12 月 31 日/2018 年度
资产总额（元）	837 961 652.30	588 332 960.28	364 896 318.48
股东权益合计（元）	494 547 131.23	422 809 372.91	252 330 751.23

续表

项目	2020年12月31日/2020年度	2019年12月31日/2019年度	2018年12月31日/2018年度
归属于母公司所有者的股东权益（元）	494 547 131.23	422 809 372.91	252 330 751.23
每股净资产（元）	4.30	3.68	7.48
归属于母公司所有者的每股净资产（元）	4.30	3.68	7.48
资产负债率（合并）（%）	40.98	28.13	30.85
资产负债率（母公司）（%）	40.97	28.04	30.85
营业收入（元）	363 328 141.88	273 150 447.44	185 320 046.56
毛利率（%）	43.97	56.68	55.98
净利润（元）	71 737 758.32	80 808 810.36	56 056 799.66
归属于母公司所有者的净利润（元）	71 737 758.32	80 808 810.36	56 056 799.66
扣除非经常性损益后的净利润（元）	66 391 020.50	73 452 335.13	50 230 589.56
归属于母公司所有者的扣除非经常性损益后的净利润（元）	66 391 020.50	73 452 335.13	50 230 589.56
息税折旧摊销前利润（元）	102 679 419.95	101 052 213.65	72 141 339.49
加权平均净资产收益率（%）	15.64	26.92	24.99
扣除非经常性损益后净资产收益率（%）	14.47	24.47	22.39
基本每股收益（元）	0.62	0.73	1.66
稀释每股收益（元）	0.62	0.73	1.66
经营活动产生的现金流量净额（元）	48 209 096.00	−18 429 154.23	−11 193 249.29
每股经营活动产生的现金流量净额（元）	0.42	−0.16	−0.33
研发投入占营业收入的比例（%）	8.97	10.55	12.55
应收账款周转率	1.18	1.30	1.29
存货周转率	2.69	2.38	2.12

续表

项目	2020 年 12 月 31 日/2020 年度	2019 年 12 月 31 日/2019 年度	2018 年 12 月 31 日/2018 年度
流动比率	2.21	2.95	3.14
速动比率	1.70	2.25	2.13

3. 精选层标准

根据全国中小企业股份转让系统有限责任公司发布的《全国中小企业股份转让系统分层管理办法》，发行人选择如下具体进层标准：市值不低于 2 亿元，最近 2 年净利润均不低于 1 500 万元且加权平均净资产收益率平均不低于 8%，或者最近 1 年净利润不低于 2 500 万元且加权平均净资产收益率不低于 8%。

（三）艾融软件：扎根银行 IT 十余载，银行业 IT 解决方案领先供应商

1. 业务概况

公司是一家向金融机构提供深度互联网整体解决方案的计算机科技公司。公司拥有与自身业务相关的自主知识产权，有体系较为完备的在线存款、在线支付、在线贷款、在线运营、在线身份认证系列产品及企业级订制开发服务，向以银行为主的金融机构及其他大型企业提供创新业务咨询、IT 系统建设规划、软硬件开发、大数据运营服务等专业解决方案。

公司以“平台级互联网金融系列软件+专业设计+100%贴身定制服务”为核心竞争力，十余年来专注研究金融业务与互联网的整合，致力于推动传统金融机构向互联网金融的转型，实现互联网金融智能化，成为产品覆盖金融 IT 各领域的计算机科技企业。

自成立以来，公司为金融机构提供从产品平台建设到基础服务支持，再到业务运营支撑的较为全面的整体解决方案，多元化产品涵盖金融 IT 各领域，基于互联网、大数据、机器学习、区块链、人工智能等先进技术应用，公司业务亦从最初的商业银行核心交易系统、外围 IT 系统建设，逐步形成集业务咨询、平台建设、安全保障、运营支撑、营销获客为一体的互联网金融整体解决方案 SQUARE（Smart，Quick，Unique，Abundant，Reliableand，Efficient）平台和一系列标准化、专业化、多元化的企业级应用软件，包括互联网金融类、电子银行类、应用安全类和大数据分析类产品，助力客户实现互联网金融转型。

截至目前，公司服务的知名客户包括工商银行、建设银行、交通银行等3家大型商业银行；中信银行、民生银行、光大银行、华夏银行、恒丰银行、浙商银行、浦发银行等7家全国性股份制商业银行；上海银行、北京银行、南京银行、富滇银行、广州银行、柳州银行、厦门银行、宜宾市商业银行、宁波银行等城市商业银行；上海农商行、北京农商行、广州农商行、重庆农商行等农村商业银行；友利银行、南洋商业银行等外资银行；中国信托登记有限责任公司、证通公司、中国供销、太平洋保险、新华保险、中泰证券、拉卡拉、云南省昆明市明信公证处等众多优质客户，公司产品的终端用户使用总规模已超过5亿人。

公司核心业务是基于自主知识产权的金融应用软件开发平台和软件产品，根据客户的个性化要求，开发定制化软件系统，同时辅以配套的技术服务等其他业务，为客户构建超大规模的互联网金融商业应用系统。

2. 竞争优势

（1）持续研发和自主创新优势

公司高度重视技术研发和产品创新能力，通过技术创新引领产品和服务创新，不断丰富完善自身技术、产品和服务模式，持续打造公司核心竞争力。公司研发方向涵盖互联网金融、电子银行及应用安全等相关领域，投入到研发的费用每年都在逐步提高。公司积极倡导创新，重视在研发及实施过程中的创新成果。公司及子公司通过自主研发已获得5项国家知识产权局授予的发明专利，国家版权局认证的计算机软件著作权达164项。

（2）大型关键商业应用经验优势

金融行业具有技术要求高、安全保密性强、信息化程度依赖高等特点，因此对于IT系统的专业性、安全性、稳定性、可靠性等要求普遍高于一般行业。

（3）客户资源与品牌优势

公司具有较丰富的金融IT系统开发经验，在项目的获取以及产品的销售方面，具有较强的优势。银行等金融机构类客户通常有二次开发和后续IT技术服务的需求，因此对供应商黏性较高。通过各个项目的研发与实施，公司将项目经验积累逐步转化为核心竞争力，依托具体项目的积累和研发形成自主产品，具备较强的业务可复制性和延伸性，通过可复制性进一步将既有服务、开发经验拓展到金融业的其他客户，通过延伸性进一步拓展现有客户的其他服务需求。

（4）管理及团队优势

公司已通过CMMIDEV/3认证、质量管理体系ISO9001认证和信息安全管理体系ISO27001认证。公司管理及技术团队稳定；通过设立研发技术管理办公会，及时获得产品应用市场的反馈信息，提高产品研发对市场需求变化的敏感性；通过技术研究结合产品开发、项目实施，降低新产品开发的技术风险；通过产品化的开发实践，提高公司产品的可复制性。

3. 财务摘要

艾融软件财务摘要见表6-7。

表6-7 艾融软件财务摘要

项目	2019年12月31日/2019年度	2018年12月31日/2018年度	2017年12月31日/2017年度
资产总额（元）	280 847 062. 54	213 871 377. 52	170 935 106. 25
股东权益合计（元）	159 013 596. 24	165 954 798. 85	145 300 775. 62
归属于母公司所有者的股东权益（元）	157 964 675. 00	165 064 752. 85	144 956 624. 83
每股净资产（元）	2. 42	3. 28	4. 31
归属于母公司所有者的每股净资产（元）	2. 40	3. 27	4. 30
资产负债率（合并）（%）	43. 38	22. 40	15. 00
资产负债率（母公司）（%）	44. 68	22. 64	14. 71
营业收入（元）	213 489 736. 64	169 278 807. 25	140 416 255. 75
毛利率（%）	44. 41	55. 25	52. 69
净利润（元）	43 593 797. 39	54 344 023. 23	38 710 473. 23

续表

项目	2019 年 12 月 31 日/2019 年度	2018 年 12 月 31 日/2018 年度	2017 年 12 月 31 日/2017 年度
归属于母公司所有者的净利润（元）	43 434 922. 15	53 798 128. 02	38 654 211. 58
扣除非经常性损益后的净利润（元）	38 181 729. 91	51 592 044. 56	35 337 423. 36
归属于母公司所有者的扣除非经常性损益后的净利润（元）	38 037 104. 67	51 052 269. 35	35 281 161. 71
息税折旧摊销前利润（元）	50 634 422. 85	62 728 489. 81	50 634 422. 85
加权平均净资产收益率（%）	25. 25	36. 01	30. 77
扣除非经常性损益后净资产收益率（%）	22. 11	34. 17	28. 08
基本每股收益（元）	0. 66	0. 82	0. 59
稀释每股收益（元）	0. 66	0. 82	0. 59
经营活动产生的现金流量净额（元）	46 898 720. 18	61 942 240. 83	19 827 477. 83
每股经营活动产生的现金流量净额（元）	0. 71	1. 23	0. 59
研发投入占营业收入的比例（%）	11. 07	10. 81	12. 12
应收账款周转率	3. 17	2. 69	2. 46
存货周转率	11. 97	7. 31	6. 73
流动比率	2. 32	4. 44	6. 68
速动比率	2. 23	4. 21	6. 28

4. 精选层标准

公司于 2014 年 6 月 9 日起在全国股转系统挂牌并公开转让，推荐挂牌主办券商为光大证券，挂牌期间主办券商未发生变化，截至目前，公司所属层级为创新层。发行人 2018 年、2019 年实现的扣非后归母净利润为 5 105. 22万元、3 803. 71万元，平均不低于1 500万元，2018 年、2019 年加权平均净资产收益率分别为 36. 01%、25. 25%，平均不低于 8%。此外，根据公司过往的财务状况及目前在全国股转系统的交易情况，公司预计市值不低于2亿元，公司市值及财务指标符合《全国中小企业股份转让系统分层管理办法》进入精选层挂牌第一套指标要求。

三、有色金属行业

（一）德瑞锂电：锂一次电池行业先驱，物联网升级释放新需求

1. 业务概况

公司专注于锂锰电池、锂铁电池等锂一次电池研发、生产及销售，为客户提供能量密度高、使用寿命长、适用温度范围广、绿色环保电池解决方案。公司的产品主要用于物联网、智能仪器仪表、智能安防、智能家居、GPS追踪器、RFID标签等领域，已获得UL、UN、CE、RoHS等多项认证。公司核心技术处于行业先进水平，是国内圆柱形锂锰电池最大生产商之一；公司的产品已远销北美、欧洲、亚太等地区，并与BRK、HONEYWELL、JABIL、FLEXTRONICS、VARTA、ENERGIZER、博实结、几米物联等国际知名品牌企业、国内知名企业建立了长期稳定的合作关系。

2. 竞争优势

（1）国际先进的核心技术及丰富的研发储备

发行人已拥有锂锰圆柱电池产品工艺相关技术、锂铁电池产品工艺相关技术、锂锰软包电池产品工艺相关技术等核心技术，并得到客户的广泛认可。

截至2020年12月31日，公司已获得4项发明专利，获得19项实用新型专利，承担省、市、区等各级政府项目6项。2020年12月，公司已通过高新技术企业资格复审（证书编号：GR202044001413，有效期三年）。公司的研发中心已被广东省科学技术厅认定为"广东省新型高性能锂一次电池工程技术研究中心"，该中心自成立以来一直致力于新技术、新产品的研发与应用，不断提高研发的效率和技术成果的含金量，加快科技成果转化速度，提升科技成果转化能力，为公司的长远发展打下了坚实的基础。

（2）客户群体稳定，服务优质

报告期内，公司已与BRK、ENERGIZER、JABIL、FLEXTRONICS、

VARTA、VITZROCELL、HONEYWELL 等全球知名品牌公司建立稳定的合作关系。由于国际品牌对供应商有较严格的认证体系，成为其合格供应商需经过各种环境的测试，通常需要 2 年以上的认证过程才能最终被客户所接受，而客户选定供应商后也会形成一定的稳定性和延续性，一般不会轻易更换，客户的黏性较强。公司与众多国际品牌的长期合作经历为公司积累了深厚的客户资源，这是公司核心的竞争优势之一。

同时，公司内部决策效率高，响应速度快，服务周到，每个重要客户均有专人进行售后跟进，能够及时解决客户提出的问题，满足客户多样化及定制化的需求，交货及时，客户满意度较高。

（3）持续优化的生产制造工艺及制备水平

公司非常注重生产制造工艺改进对产品性能的提升。公司严格按照国际质量管理体系 ISO9001 的要求建立健全了生产和品质管理体系。同时，公司通过购置自动化生产设备及自建部分设备替代原有生产设备，以提高生产过程的自动化水平及对生产工艺的适应性，进而提高生产效率、降低单位产品成本。报告期内，公司单位生产人员产出提高、单位产品人工成本降低。

（4）经验丰富的研发团队

公司拥有一支具有国际先进水平的研发团队，通过多年的技术研发积累，研发生产出的锂锰电池、锂铁电池产品质量稳定，获得了客户的认可并保持长期稳定的合作关系。

3. 财务摘要

德瑞锂电财务摘要见表 6-8。

表 6-8　德瑞锂电财务摘要

项目	2020 年 12 月 31 日/2020 年度	2019 年 12 月 31 日/2019 年度	2018 年 12 月 31 日/2018 年度
资产总额（元）	249 711 738.30	187 579 775.75	152 871 813.67
股东权益合计（元）	203 365 324.98	150 622 191.83	124 007 037.71
归属于母公司所有者的股东权益（元）	203 365 324.98	150 622 191.83	124 007 037.71

续表

项目	2020 年 12 月 31 日/2020 年度	2019 年 12 月 31 日/2019 年度	2018 年 12 月 31 日/2018 年度
每股净资产（元）	3. 39	2. 66	2. 19
归属于母公司所有者的每股净资产（元）	3. 39	2. 66	2. 19
资产负债率（合并）(%)	—	—	—
资产负债率（母公司）(%)	18. 56	19. 70	18. 88
营业收入（元）	174 371 048. 91	160 897 993. 90	143 725 610. 46
毛利率（%）	41. 71	41. 62	38. 25
净利润（元）	34 418 349. 65	35 099 803. 62	30 207 265. 45
归属于母公司所有者的净利润（元）	34 418 349. 65	35 099 803. 62	30 207 265. 45
扣除非经常性损益后的净利润（元）	40 354 937. 06	33 474 152. 07	28 571 830. 19
归属于母公司所有者的扣除非经常性损益后的净利润（元）	40 354 937. 06	33 474 152. 07	28 571 830. 19
息税折旧摊销前利润（元）	42 940 375. 60	43 474 052. 39	36 992 306. 42
加权平均净资产收益率（%）	20. 07	25. 69	27. 15
扣除非经常性损益后净资产收益率（%）	23. 53	24. 50	25. 68
基本每股收益（元）	0. 60	0. 62	0. 53
稀释每股收益（元）	0. 60	0. 62	0. 53
经营活动产生的现金流量净额（元）	55 442 058. 34	39 420 659. 53	24 060 659. 54
每股经营活动产生的现金流量净额（元）	0. 93	0. 70	0. 43
研发投入占营业收入的比例（%）	4. 91	5. 49	7. 09
应收账款周转率	4. 57	4. 68	4. 73
存货周转率	4. 11	3. 88	3. 86
流动比率	3. 40	3. 83	4. 23
速动比率	2. 78	3. 17	3. 25

4. 精选层标准

发行人 2019 年度和 2020 年度的归属于母公司股东的净利润（扣除非经常性损益前后孰低数）分别为33 474 152.07元、40 354 937.66元，最近 2 年加权平均净资产收益率（扣除非经常性损益前后孰低数）分别为 24.50%、20.07%。结合公司的盈利能力和市场估值水平、股票交易价格，预计发行人上市后的市值不低于人民币 2 亿元。

因此，公司选择《全国中小企业股份转让系统分层管理办法》第十五条第（一）项之公开发行并在精选层挂牌标准：市值不低于 2 亿元，最近 2 年净利润均不低于1 500万元且加权平均净资产收益率平均不低于 8%，或者最近 1 年净利润不低于2 500万元且加权平均净资产收益率不低于 8%。

（二）长虹能源：碱电、锂电“小巨人”，将发力电动工具锂电池大市场

1. 业务概况

公司主要从事环保锌锰电池和高倍率锂离子电池的研发、设计、生产和销售，其中以碱性锌锰电池和圆柱形高倍率锂离子电池产品为主。公司的锌锰电池产品作为生活必需品，广泛应用于消费电子、电动玩具、智能家居用品、家用医疗健康设备、无线安防设备、户外电子设备、无线通信设备等下游领域，具有一定的刚需特性；公司的高倍率锂离子电池主要用于电动工具、园林工具以及吸尘器等细分领域，电动工具“无绳化”的趋势使锂离子电池需求持续快速增长。公司目前已经形成“碱电+锂电”的双产品体系，未来公司将继续坚持研发创新，提高产品品质，丰富产品种类，扩展产品的销售领域，提高公司的市场竞争能力和持续发展能力。

2. 竞争优势

（1）管理优势

经过多年的积累发展，长虹能源已经形成并拥有一支专业能力强、管理能力突出、稳定性高的核心管理团队和技术骨干团队。团队核心成员在公司任职年限均超过 10 年，对公司的忠诚度高，对行业的发展趋势和产品

的研发、制造有着敏锐认知，能够针对市场变化趋势、国家政策动向及客户需求迅速做出响应。

（2）技术优势

通过长期摸索与积累，公司已形成了超高性能碱锰电池技术、10 年保质期碱锰电池技术和装备自动化及智能化制造技术等核心关键技术，为未来在全球市场占领技术制高点提供有力保障。公司先后参与起草和制定了多项国家和行业相关标准，是中国电池工业协会副理事长单位，一次电池分会执行会长单位，在行业中具有较强的技术领先优势。

（3）质量优势

公司严格按照国际质量管理体系 ISO9001 的要求建立健全了生产和品质管理体系，同时聘请知名电池专家，深化了公司电池 ISO9001 质量管理、TPM 管理以及现场工艺过程参数管理，并通过安装智能传感器、视觉检测系统、自动称重系统等关键检测设备，实现了公司产品检测数据的自动取数和数据分析。

（4）规模化生产优势

规模化生产能够使得企业产品具有成本优势，进而在市场竞争中立足并获得长远发展。规模化生产是企业取得市场竞争优势的重要基础，公司经过多年的发展，拥有 LR20、LR14、LR6、LR03、6LR61 等全系列碱锰电池的生产能力，已成为锌锰电池行业内综合实力位居前列的制造商和出口商。

3. 财务摘要

长虹能源财务摘要见表 6-9。

表 6-9　长虹能源财务摘要

项目	2020 年 6 月 30 日/2020 年 1—6 月	2019 年 12 月 31 日/2019 年度	2018 年 12 月 31 日/2018 年度	2017 年 12 月 31 日/2017 年度
资产总额（元）	1 636 217 080.34	1 595 549 750.75	1 414 772 493.54	784 019 871.45
股东权益合计（元）	741 481 471.73	735 641 390.07	623 086 155.44	435 724 092.45
归属于母公司所有者的股东权益（元）	555 807 453.79	546 515 225.93	463 685 214.72	421 666 290.75

续表

项目	2020 年 6 月 30 日/2020 年 1—6 月	2019 年 12 月 31 日/2019 年度	2018 年 12 月 31 日/2018 年度	2017 年 12 月 31 日/2017 年度
每股净资产（元）	10. 70	10. 61	8. 99	6. 29
归属于母公司所有者的每股净资产（元）	8. 02	7. 88	6. 69	6. 08
资产负债率（合并）（%）	54. 68	53. 89	55. 96	44. 42
资产负债率（母公司）（%）	42. 71	39. 24	44. 44	38. 96
营业收入（元）	769 940 157. 90	1 416 816 188. 68	1 070 730 422. 40	814 267 421. 31
毛利率（%）	24. 84	22. 89	20. 92	20. 59
净利润（元）	87 435 007. 28	141 292 446. 45	78 279 335. 03	54 539 505. 65
归属于母公司所有者的净利润（元）	64 122 409. 47	104 730 029. 63	61 873 382. 09	54 033 077. 17
扣除非经常性损益后的净利润（元）	86 418 015. 73	133 479 081. 04	73 835 748. 54	47 935 663. 45
归属于母公司所有者的扣除非经常性损益后的净利润（元）	63 105 417. 92	96 916 664. 22	57 429 795. 59	47 429 234. 97
息税折旧摊销前利润（元）	139 057 243. 64	220 228 976. 04	127 710 001. 01	86 825 757. 12
加权平均净资产收益率（%）	11. 26	20. 67	13. 51	12. 91
扣除非经常性损益后净资产收益率（%）	11. 08	19. 12	12. 54	11. 33
基本每股收益（元）	0. 93	1. 51	0. 89	0. 78
稀释每股收益（元）	0. 93	1. 51	0. 89	0. 78
经营活动产生的现金流量净额（元）	24 342 073. 11	140 401 944. 96	66 967 889. 53	53 197 569. 85
每股经营活动产生的现金流量净额（元）	0. 35	2. 03	0. 97	0. 77
研发投入占营业收入的比例（%）	3. 91	4. 43	4. 28	4. 25
应收账款周转率	2. 52	5. 55	5. 42	5. 97

续表

项目	2020年6月30日/2020年1—6月	2019年12月31日/2019年度	2018年12月31日/2018年度	2017年12月31日/2017年度
存货周转率	2.07	4.79	5.73	6.91
流动比率	0.92	0.90	0.84	1.51
速动比率	0.58	0.59	0.59	1.20

4. 精选层标准

公司根据《全国中小企业股份转让系统分层管理办法》的要求，结合企业自身规模、经营情况、盈利情况等因素综合考量，选择的具体进层标准为：市值不低于2亿元，最近2年净利润均不低于1 500万元且加权平均净资产收益率平均不低于8%，或者最近1年净利润不低于2 500万元且加权平均净资产收益率不低于8%。

（三）贝特瑞：锂电池负极材料龙头，新材料冠军

1. 业务概况

公司是一家以技术创新为引领，以技术领先、产品及产业链布局完善、国际与国内主流客户并重为特色，以锂离子电池负极材料和正极材料为核心产品，行业地位突出的新能源材料研发与制造商。公司主要产品包括天然石墨负极材料、人造石墨负极材料、硅基等新型负极材料、磷酸铁锂正极材料与高镍三元正极材料（NCA、NCM811等）等锂离子电池正负极材料。该等材料是制造新能源汽车动力电池、消费电子电池、储能电池的核心材料。

公司挂牌了院士工作站、博士后工作站、广州海关化验中心合作实验室，获得了国家企业技术中心、CNAS实验室等认证，还挂牌了多项省级或市级工程技术中心或实验室。公司已获授权专利权248项，其中发明专利191项（国内发明专利152项，国外发明专利39项）。公司主导制定了新能源、新材料相关的国家标准7项和国际标准1项，参与制定了新能源、新材料方面的国家标准3项，正在主导或参与制定新能源、新材料方面的国家标准4项和国际标准4项。自成立以来，公司或下属子公司主导或参

与了包括7项国家863计划项目、近30项省部级重大或专项科研项目在内的近50项政府科研项目，且参与了《新能源汽车产业“十三五”发展规划》和工业和信息化部委托中国汽车工程学会牵头负责的《节能与新能源汽车技术路线图》的制定工作。

公司秉承“成就客户”的核心价值观与经营理念，致力于打造卓越的客户服务能力，赢得了境内外主流的锂离子电池厂商的深度认可，覆盖了国际与国内主流客户群体，取得了领先的市场地位。公司凭借卓越的客户服务能力，准确把握各细分应用领域的市场机会，覆盖了以松下、三星SDI、LG化学、SKI及村田等为核心的国际主流客户群体，也覆盖了以宁德时代、比亚迪、国轩高科、力神、亿纬锂能及鹏辉能源等为代表的国内主流客户群体，形成了以锂离子动力电池应用为主导、以高端消费电子锂离子电池应用为重要组成部分、以储能锂离子电池应用为前景布局的结构合理的应用领域市场结构，形成了国内和国际两个市场平衡兼顾的良好区域市场结构，从而保障公司业务平稳健康发展。

自2013年以来，公司的负极材料出货量已经连续7年位列全球第一。同时，作为国内最早量产硅基负极材料的企业之一，2019年公司硅基负极材料出货量国内领先。公司正极业务聚焦于动力电池与储能电池领域、采取差异化的产品与技术策略，报告期内磷酸铁锂正极材料出货量持续位列国内前三；2019年，公司高镍三元正极材料出货量国内前三，公司的高镍三元正极材料技术领先，已经开始对部分核心客户批量供货，正在积极导入全球领先的锂离子电池厂商供应链。

2. 竞争优势

（1）优秀、稳定的核心团队

公司通过长期、持续的内部轮岗、选拔竞争形成的核心团队是公司的核心资源。公司核心团队普遍具备良好的学历、专业背景，其中多位管理人员积累了10年至20年不等的行业经验，对经营管理、产业格局、行业发展和未来趋势具有深刻的理解。优秀且稳定的核心团队确保了公司在战略规划布局、人才资源管理、研发体系、客户服务体系等全方位的领先，构成了公司核心竞争力。

（2）强大的研发实力

公司坚持“创新引领”的核心价值观和经营理念，通过对研发的持续投入，形成了强大的研发实力。公司保持了高强度的研发投入，报告期各期，公司的研发费用分别为12 838.71万元、18 418.05万元和23 870.91万元，占各期营业收入的比例分别为4.33%、4.59%和5.44%；报告期各期末，公司研发人员数量分别为164人、350人和392人，占各期期末员工总数的比例分别为6.57%、11.53%和12.22%。截至2019年末，贝特瑞的研发人员中共有博士28人、硕士87人，二者合计占研发人员的比例为29.34%。

公司于2010年设立的贝特瑞新能源技术研究院配置了一流的研发设备和专业的研发团队，通过健全的研发管理与激励体系，形成了良好的研发机制，在以锂离子电池正负极材料为核心的新能源材料领域取得了大量研发成果，赢得了国家与行业的认可。公司研发人员在相关核心期刊发表了一系列高水平的科研论文，公司拥有248项国内、国际专利权。公司专利“一种锂离子电池硅基复合负极材料、制备方法及电池”荣获国家知识产权局2018年度“第二十届中国专利优秀奖”；公司在华发七弦琴国家知识产权运营平台等联合发布的《中国企业专利五百强榜单》中位列第三，其中华为技术有限公司位列第一、北京智谷睿拓技术服务有限公司位列第二、深圳市大疆创新科技有限公司位列第四、上海诺基亚贝尔股份有限公司位列第五。

（3）先进的技术水平

由于公司在行业内技术水平的领先地位，公司作为锂电池正负极材料行业代表性企业，得到国家发展改革委、工业和信息化部、科技部等国家部委和地方政府部门提供的多项科研支持；自成立以来，公司或下属子公司主导或参与了包括7项国家863计划项目、近30项省部级重大或专项科研项目在内的近50项政府科研项目；公司参与了《新能源汽车产业“十三五”发展规划》和工业和信息化部委托中国汽车工程学会牵头负责的《节能与新能源汽车技术路线图》的制定工作。公司主导制定了新能源、新材料相关的国家标准7项和国际标准1项，参与制定了新能源、新材料方面的国家标准 3 项，正在主导或参与制定新能源、新材料方面的国家标准 4 项和国际标准 4 项。

（4）优质的客户资源

从公司客户的行业地位方面看，公司建立了以松下、三星 SDI、LG 化学、SKI、村田、宁德时代、比亚迪、国轩高科、力神、亿纬锂能以及鹏辉能源等境内外主要锂离子电池厂商为主要客户群体的客户体系。从市场区域来看，公司客户体系形成了国内和国际两个市场平衡兼顾的良好区域市场结构，能够在一定程度上平滑单边市场出现不利变动的影响。

（5）前瞻性的知识产权布局与保护

公司设立了专门的知识产权部门以全面负责公司知识产权管理与保护工作，逐步建立起完善的知识产权管理体系，确保公司专利权等核心资产得到有效管控与保护。公司在运用技术秘密保护技术成果的同时，充分运用专利权保护机制，持续申请并陆续获得专利授权，截至 2020 年 3 月 31 日已授权专利权 248 项，2015 年至今公司年均新增原始取得专利授权近 30 项。公司在以锂离子电池材料为核心的新能源材料领域形成了体系化的专利布局机制，在硅基负极材料方面已经取得 30 余项境内外发明专利权，在高镍三元正极材料方面已经取得 9 项境内外发明专利权，在磷酸铁锂正极材料方面已经取得 9 项境内发明专利权，在石墨烯及相关电极材料方面已取得 10 余项境内外发明专利权。同时，公司结合锂离子电池材料行业的国际化特点，在知识产权保护方面也注重国际化，已取得日本专利权 20 项、韩国专利权 12 项、美国专利权 7 项，均为发明专利。

（6）完善的产业战略布局

公司以锂离子电池正负极材料为核心，进行了完善的产业战略布局。在产品体系方面，公司已经形成了以锂离子电池正负极材料为核心的新能源材料产品体系，覆盖了石墨负极材料、硅基等新型负极材料、磷酸铁锂正极材料、高镍三元正极材料，能够同时满足下游客户对正负极材料的匹配性需求。在产能布局方面，公司采用控股为主导、参股为辅的方式，建立覆盖了华南、华东等境内主要新能源产业集群的生产基地。

（7）领先的市场地位

作为全球最大的负极材料厂商、出货量前三的磷酸铁锂正极材料厂商和高镍三元正极材料厂商，公司在动力电池用正负极材料、消费电子电池用正负极材料、储能电池用正负极材料上均拥有显著的产能和产量优势，综合市场占有率行业领先。公司客户结构体系完整、合理，公司的产品畅销中国、日本、韩国、美国、欧洲，且公司的客户结构显著优于同行业竞争对手。

3. 财务摘要

贝特瑞财务摘要见表6-10。

表6-10　贝特瑞财务摘要

项目	2019年12月31日/2019年度	2018年12月31日/2018年度	2017年12月31日/2017年度
资产总额（元）	8 302 812 773.09	7 567 515 895.62	5 887 585 952.98
股东权益合计（元）	4 308 554 252.98	3 625 098 077.30	3 016 012 477.27
归属于母公司所有者的股东权益（元）	4 121 222 143.82	3 410 832 500.64	2 856 715 710.94
每股净资产（元）	9.80	8.42	10.64
归属于母公司所有者的每股净资产（元）	9.38	7.92	10.08
资产负债率（合并）（%）	48.11	52.10	48.77
资产负债率（母公司）（%）	27.29	35.16	35.78
营业收入（元）	4 390 059 430.22	4 008 699 970.98	2 967 232 678.00
毛利率（%）	30.12	29.04	28.65
净利润（元）	684 695 578.41	539 727 446.33	350 981 881.85
归属于母公司所有者的净利润（元）	666 337 377.27	481 405 248.79	336 248 776.76
扣除非经常性损益后的净利润（元）	400 573 542.97	475 650 051.44	311 143 354.40
归属于母公司所有者的扣除非经常性损益后的净利润（元）	385 966 799.32	414 054 720.44	296 741 799.48
息税折旧摊销前利润（元）	1 122 343 050.76	883 743 434.30	638 479 520.41

续表

项目	2019年12月31日/2019年度	2018年12月31日/2018年度	2017年12月31日/2017年度
加权平均净资产收益率（%）	17.78	15.39	15.70
扣除非经常性损益后净资产收益率（%）	10.30	13.24	13.86
基本每股收益（元）	1.53	1.12	0.84
稀释每股收益（元）	1.53	1.12	0.84
经营活动产生的现金流量净额（元）	624 737 856.71	177 700 619.88	-127 155 065.00
每股经营活动产生的现金流量净额（元）	1.42	0.41	-0.45
研发投入占营业收入的比例（%）	5.44	4.59	4.33
应收账款周转率	3.36	3.27	3.54
存货周转率	3.43	3.55	3.66
流动比率	1.63	1.55	1.49
速动比率	1.26	1.21	1.16

4. 精选层标准

基于公司近2年的财务指标，并结合同行业A股公司二级市场估值及本次发行估值，公司符合《全国中小企业股份转让系统分层管理办法》第十五条第二款第一项之标准，即：市值不低于2亿元，最近2年净利润均不低于1 500万元且加权平均净资产收益率平均不低于8%，或者最近1年净利润不低于2 500万元且加权平均净资产收益率不低于8%。

四、机械设备行业

（一）五新隧装：专业的隧道装备制造与服务商，受益基建智能化新风向

1. 业务概况

发行人专业从事隧道施工智能装备的研发、生产、销售及租赁业务，

主要产品包括混凝土湿喷机/组、隧道（隧洞）衬砌台车、防水板作业台车、凿岩台车、隧道（隧洞）拱架安装车及各类产品零配件等。

公司先后为中国中铁股份有限公司、中国铁建股份有限公司、中国交通建设股份有限公司等大型央企、国企和其他企业提供了优质的产品和服务，建立了良好的长期合作关系。公司将始终把技术作为发展的第一推动力，不断追求研发深度，持续提升自主创新能力，秉承“团结、创新、敬业、高效”的企业精神，致力于实现“创新品质、全球共享”的品牌战略目标。

2. 财务摘要

五新隧装财务摘要见表6-11。

表6-11　五新隧装财务摘要

项目	2020年12月31日/2020年度	2019年12月31日/2019年度	2018年12月31日/2018年度
资产总额（元）	573 046 693.67	422 600 068.43	423 440 500.59
股东权益合计（元）	352 334 824.49	282 940 189.74	274 083 983.76
归属于母公司所有者的股东权益（元）	352 334 824.49	282 940 189.74	274 083 983.76
每股净资产（元）	4.62	3.71	3.59
归属于母公司所有者的每股净资产（元）	4.62	3.71	3.59
资产负债率（合并）（%）	38.52	33.05	35.27
资产负债率（母公司）（%）	39.82	33.83	35.07
营业收入（元）	450 522 334.84	341 176 849.13	360 530 135.39
毛利率（%）	35.63	32.88	34.44
净利润（元）	69 394 634.75	31 746 205.98	46 918 765.02
归属于母公司所有者的净利润（元）	69 394 634.75	31 746 205.98	46 918 765.02
扣除非经常性损益后的净利润（元）	66 486 731.45	26 345 668.37	44 686 878.17
归属于母公司所有者的扣除非经常性损益后的净利润（元）	66 486 731.45	26 345 668.37	44 686 878.17

续表

项目	2020 年 12 月 31 日/2020 年度	2019 年 12 月 31 日/2019 年度	2018 年 12 月 31 日/2018 年度
息税折旧摊销前利润（元）	88 580 968. 69	42 501 746. 77	60 731 767. 22
加权平均净资产收益率（%）	21. 85	11. 48	17. 52
扣除非经常性损益后净资产收益率（%）	20. 93	9. 52	16. 69
基本每股收益（元）	0. 91	0. 42	0. 61
稀释每股收益（元）	0. 91	0. 42	0. 61
经营活动产生的现金流量净额（元）	33 074 414. 06	16 979 511. 21	9 234 046. 73
每股经营活动产生的现金流量净额（元）	0. 43	0. 22	0. 12
研发投入占营业收入的比例（%）	4. 08	4. 61	3. 31
应收账款周转率	1. 48	1. 41	1. 72
存货周转率	4. 80	3. 18	3. 44
流动比率	2. 11	2. 31	2. 30
速动比率	1. 78	1. 91	1. 70

3. 精选层标准

根据全国中小企业股份转让系统有限责任公司发布的《全国中小企业股份转让系统分层管理办法》，发行人选择如下具体进层标准：市值不低于 2 亿元，最近 2 年净利润均不低于1 500万元且加权平均净资产收益率平均不低于 8%，或者最近 1 年净利润不低于2 500万元且加权平均净资产收益率不低于 8%。

发行人于 2015 年 12 月 29 日在全国股转系统挂牌，截至本公开发行说明书签署日，连续挂牌时间超过 12 个月且发行人目前为创新层挂牌企业。2019 年度、2020 年度扣非后净利润分别为2 634. 57万元和6 648. 67万元，均不低于1 500万元；扣除非经常性损益后净资产收益率分别为 9. 52%和 20. 93%，均不低于 8%。依据向不特定合格投资者公开发行价格计算的股票市值不低于 2 亿元，符合《全国中小企业股份转让系统分层管理办法》

第十五条的规定。

（二）星辰科技：高端伺服系统领军人，航天军工、新能源、自动化多领域受益进口替代

1. 业务概况

公司的主营业务为随动控制总成、伺服驱动器、伺服电机等装备自动化及智能化产品的研发、生产、销售。公司具备承担武器装备科研生产的相关资质，拥有伺服及控制领域优秀的科研技术人才，建立了完善的研发管理体系和军标质量管理体系，是国内领先的军用随动控制总成和军品级伺服系统提供商，也是国内较早从事军用伺服系统产品研发与产业化的企业。

公司产品长期服务于“远望”号系列远洋测量船舰载雷达、“神舟”系列载人宇宙飞船、“嫦娥”工程、“天宫”工程、南极昆仑科学考察站的地面卫星通信雷达，公司产品配套装备参加了 21 世纪以来的历次大阅兵，包括 2009 年新中国成立 60 周年国庆大阅兵、2015 年反法西斯胜利 70 周年大阅兵、2017 年建军 90 周年大阅兵、2019 年新中国成立 70 周年国庆大阅兵，在 70 周年国庆阅兵中，公司获得装备方队表彰；公司是我国大型舰船部分武器系统配套伺服系统的供应商，公司参与的科研项目多次获得科技部、工业和信息化部及广西科技重大专项支持。

公司产品广泛应用于航空航天及军工、新能源、工业控制等应用领域。公司在军工领域服务于航天科工、中船集团、中国兵器、中国兵装、中国电科、航天科技等集团及其下属科研院所；在新能源领域服务于风电、新能源汽车行业；在工业控制领域服务于自动化、智能化的各类机械设备：航空航天及武器装备，如导弹发射系统、火炮控制、雷达跟踪控制、舰船自动化装备、航空航天仿真平台等。在民用领域服务于如风电变桨、新能源车、注塑机、AGV、工业自动化及智能化装备等。

2. 竞争优势

军品市场方面，由于主要竞争对手为国内军工企业下属军工生产单位和少数民营企业，公开数据较为匮乏，仅能从产品特性及定位等方面对公

司地位进行定性说明。当前军用伺服系统市场化程度较低，竞争有限，同行业公司专注于细分应用场景的伺服系统生产。

公司多年来沉淀了丰富的伺服驱动器控制技术、伺服电机技术，在各类军用和民用自动控制场景有丰富的技术沉淀和经验积累。公司产品准确契合了军用伺服系统的要求，以高精度、高响应性和可靠性等性能获得了客户认可，公司与航天科工、中船集团、中国兵器、中国兵装、中国电科、航天科技等军工集团及其下属单位建立了长期稳定的合作关系，已成为军用伺服的优先配套企业。

公司在军品领域积累的可靠性技术很好地满足了风电变桨系统在三北地区、海上以及高山风场等恶劣环境下稳定运行的需求，公司与上海电气建立了长期稳定的合作关系。

3. 财务摘要

星辰科技财务摘要见表 6-12。

表 6-12 星辰科技财务摘要

项目	2020 年 12 月 31 日/2020 年度	2019 年 12 月 31 日/2019 年度	2018 年 12 月 31 日/2018 年度
资产总额（元）	260 149 697. 54	205 334 946. 68	172 842 054. 03
股东权益合计（元）	189 698 735. 94	155 953 762. 58	143 470 612. 98
归属于母公司所有者的股东权益（元）	185 984 261. 79	155 953 762. 58	143 470 612. 98
每股净资产（元）	2. 97	2. 44	2. 25
归属于母公司所有者的每股净资产（元）	2. 91	2. 44	2. 25
资产负债率（合并）（%）	27. 08	24. 05	16. 99
资产负债率（母公司）（%）	26. 81	22. 63	15. 53
营业收入（元）	137 099 752. 59	95 070 248. 76	81 799 728. 53
毛利率（%）	53. 38	53. 46	52. 26
净利润（元）	39 100 529. 36	22 691 821. 60	17 783 278. 43
归属于母公司所有者的净利润（元）	38 429 999. 79	22 691 821. 60	17 783 278. 43

续表

项目	2020年12月31日/2020年度	2019年12月31日/2019年度	2018年12月31日/2018年度
扣除非经常性损益后的净利润（元）	33 937 205.87	18 715 213.02	15 276 249.93
归属于母公司所有者的扣除非经常性损益后的净利润（元）	33 266 676.30	18 715 213.02	15 276 249.93
息税折旧摊销前利润（元）	46 431 160.87	28 601 026.77	23 048 136.04
加权平均净资产收益率（%）	22.46	15.16	13.01
扣除非经常性损益后净资产收益率（%）	19.44	12.50	11.17
基本每股收益（元）	0.60	0.36	0.28
稀释每股收益（元）	0.60	0.36	0.28
经营活动产生的现金流量净额（元）	10 386 428.44	9 847 407.68	-4 930 071.97
每股经营活动产生的现金流量净额（元）	0.16	0.15	-0.08
研发投入占营业收入的比例（%）	10.14	13.82	11.59
应收账款周转率	1.87	1.68	1.70
存货周转率	2.07	1.38	1.34
流动比率	3.02	3.34	3.97
速动比率	2.53	2.64	2.72

4. 精选层标准

发行人系在全国股转系统连续挂牌满12个月的创新层挂牌公司，根据全国中小企业股份转让系统有限责任公司发布的《全国中小企业股份转让系统分层管理办法》，发行人选择如下具体进层标准：市值不低于2亿元，最近2年净利润均不低于1 500万元且加权平均净资产收益率平均不低于8%，或者最近1年净利润不低于2 500万元且加权平均净资产收益率不低于8%。

（三）丰光精密：精密机械加工件和压铸件优质企业，谐波减速机是新看点

1. 业务概况

公司是一家以精密机械加工、压铸制造为核心的精密零部件生产企业。公司主营业务为研发、生产和销售精密机械加工件和压铸件等金属零部件以及提供金属零部件加工劳务。公司客户均为工业自动化领域、汽车零部件领域、半导体领域、轨道交通领域领先企业。

精密机械加工件和压铸件方面，公司根据下游工业自动化、汽车、半导体、轨道交通等行业客户要求研发产品，设计并实施最优的生产工序、加工方法及每道工序的加工标准，并进行精细化管理生产。公司在工艺技术、生产设备技术先进程度和操控经验等方面处于国内领先水平。

金属零部件加工方面，公司多年来运用先进的生产设备、成熟的生产工艺和精细化的管理体系，为客户提供机械零部件的精密加工，获得了世界知名品牌制造商的认可，建立了长期紧密的合作关系。

2. 竞争优势

（1）公司发展起点高、基础好

公司最早系日资配套加工企业，从日本引进先进的生产设备、成熟的生产工艺和精细化的管理体系，为日本客户提供机械零部件的精密加工。在此后的发展过程中，公司逐渐掌握和吸收了精密机械加工的生产技术，并大力开拓国内市场，进入压铸行业，取得了较好的发展。

（2）精密加工能力优势

凭借持续提升的工艺技术、先进的生产设备以及精细化的管理等综合因素，公司的精密加工能力不断提升，形成了一定的竞争优势。

（3）客户资源优势

公司的主要客户为国际知名的品牌制造商，客户对公司的严格要求，使公司在理解产品和生产工艺方面具备了国际先进的视野，为公司的制造加工标准树立了标杆。

3. 财务摘要

丰光精密财务摘要见表 6-13。

表 6-13　丰光精密财务摘要

项目	2020 年 6 月 30 日/2020 年 1—6 月	2019 年 12 月 31 日/2019 年度	2018 年 12 月 31 日/2018 年度	2017 年 12 月 31 日/2017 年度
资产总额（元）	297 057 195. 75	281 575 461. 59	239 042 062. 90	213 424 455. 76
股东权益合计（元）	276 438 696. 89	260 699 143. 84	185 460 128. 43	163 134 666. 02
归属于母公司所有者的股东权益（元）	276 438 696. 89	260 699 143. 84	185 460 128. 43	163 134 666. 02
每股净资产（元）	2. 22	2. 09	1. 58	1. 39
归属于母公司所有者的每股净资产（元）	2. 22	2. 09	1. 58	1. 39
资产负债率（合并）（%）	6. 94	7. 41	22. 42	23. 56
资产负债率（母公司）（%）	6. 81	7. 34	22. 14	23. 34
营业收入（元）	84 849 466. 37	179 518 359. 75	183 205 863. 31	172 840 195. 37
毛利率（%）	37. 85	34. 87	34. 12	39. 45
净利润（元）	15 682 808. 28	25 501 571. 56	22 056 168. 33	24 244 320. 39
归属于母公司所有者的净利润（元）	15 682 808. 28	25 501 571. 56	22 056 168. 33	24 244 320. 39
扣除非经常性损益后的净利润（元）	12 376 195. 13	24 521 726. 04	21 457 983. 45	24 756 442. 13
归属于母公司所有者的扣除非经常性损益后的净利润（元）	12 376 195. 13	24 521 726. 04	21 457 983. 45	24 756 442. 13
息税折旧摊销前利润（元）	25 717 438. 48	40 720 434. 82	37 061 621. 31	38 233 973. 84
加权平均净资产收益率（%）	5. 84	10. 46	12. 64	13. 77
扣除非经常性损益后净资产收益率（%）	4. 61	10. 06	12. 30	14. 06
基本每股收益（元）	0. 13	0. 21	0. 19	0. 21
稀释每股收益（元）	0. 13	0. 21	0. 19	0. 21
经营活动产生的现金流量净额（元）	29 789 796. 76	32 547 993. 17	24 396 128. 58	29 929 184. 18

续表

项目	2020年6月30日/2020年1—6月	2019年12月31日/2019年度	2018年12月31日/2018年度	2017年12月31日/2017年度
每股经营活动产生的现金流量净额（元）	0.24	0.26	0.21	0.26
研发投入占营业收入的比例（%）	6.10	5.78	5.26	4.98
应收账款周转率	1.88	4.55	4.98	5.23
存货周转率	1.55	3.00	3.25	3.60
流动比率	5.78	6.97	2.36	2.64
速动比率	4.10	5.22	1.55	2.04

4. 精选层标准

公司系在全国股转系统连续挂牌满12个月的创新层挂牌公司，拟按照“标准一”申请公开发行并进入精选层，即：市值不低于2亿元，最近2年净利润均不低于1 500万元且加权平均净资产收益率平均不低于8%，或者最近1年净利润不低于2 500万元且加权平均净资产收益率不低于8%。

五、电子设备行业

（一）智新电子：专精连接器15年，迎产能扩张加速成长

1. 业务概况

公司是一家专注于连接器线缆组件产品的研发、生产和销售的高新技术企业，产品广泛应用于消费类电子产品，并逐步拓展至汽车类电子产品、智能家居和新能源领域。公司具有较强的定向开发实力，结合客户要求和内控标准进行产品验证，特别针对断面研磨分析、压接尺寸、焊接状态、高频参数等关键管控点，利用国内外先进检测设备对产品进行实时管控。

公司自2006年成立至今，重点聚焦消费电子领域，并逐步拓展至汽车电子领域。产业链主要包括原材料、电子元器件、电子组件（模组）及成品，公司产品主要覆盖电子元器件和电子组件（模组）环节，其中高速数

据传输连接器线缆组件、微型精密连接器线缆组件等产品附加值较高。

公司始终坚持满足客户需求、追求技术创新、引进先进工艺、精益运营的管理模式，为客户提供定制化程度高、性能稳定的产品及解决方案。目前，公司下游客户主要为歌尔股份、共达电声、下田工业、日本星电、日本索尼、日本村田等国内外知名企业，已形成长期稳定的合作关系。

2. 财务摘要

智新电子财务摘要见表 6-14。

表 6-14　智新电子财务摘要

项目	2020 年 12 月 31 日/2020 年度	2019 年 12 月 31 日/2019 年度	2018 年 12 月 31 日/2018 年度
资产总额（元）	296 885 352.82	236 557 746.42	226 819 584.92
股东权益合计（元）	199 729 879.93	172 997 947.98	149 021 283.88
归属于母公司所有者的股东权益（元）	199 729 879.93	172 997 947.98	149 021 283.88
每股净资产（元）	2.32	4.02	3.46
归属于母公司所有者的每股净资产（元）	2.32	4.02	3.46
资产负债率（合并）（%）	32.72	26.87	34.30
资产负债率（母公司）（%）	34.54	27.43	35.19
营业收入（元）	361 137 706.71	250 742 889.66	237 689 644.94
毛利率（%）	24.18	25.32	23.68
净利润（元）	39 646 931.95	29 142 664.10	23 124 933.62
归属于母公司所有者的净利润（元）	39 646 931.95	29 142 664.10	23 124 933.62
扣除非经常性损益后的净利润（元）	38 727 378.95	27 560 943.03	21 813 062.86
归属于母公司所有者的扣除非经常性损益后的净利润（元）	38 727 378.95	27 560 943.03	21 813 062.86
息税折旧摊销前利润（元）	54 220 430.60	40 949 100.86	33 443 275.25
加权平均净资产收益率（%）	21.40	18.10	18.72

续表

项目	2020 年 12 月 31 日/2020 年度	2019 年 12 月 31 日/2019 年度	2018 年 12 月 31 日/2018 年度
扣除非经常性损益后净资产收益率（%）	20.90	17.12	17.66
基本每股收益（元）	0.46	0.34	0.28
稀释每股收益（元）	0.46	0.34	0.28
经营活动产生的现金流量净额（元）	3 577 744.62	51 228 823.28	1 131 072.72
每股经营活动产生的现金流量净额（元）	0.04	1.19	0.03
研发投入占营业收入的比例（%）	2.87	3.51	3.17
应收账款周转率	3.36	2.95	2.95
存货周转率	7.63	5.80	6.65
流动比率	2.27	2.74	2.07
速动比率	1.79	2.09	1.49

3. 精选层标准

根据《全国中小企业股份转让系统分层管理办法》第十五条第二款第（一）项之规定：市值不低于 2 亿元，最近 2 年净利润均不低于1 500万元且加权平均净资产收益率平均不低于 8%，或者最近 1 年净利润不低于2 500万元且加权平均净资产收益率不低于 8%。

（二）安徽凤凰：合资高新技术产业，专注汽车滤清器

1. 业务概况

公司专注于汽车滤清器的研发、生产和销售，是国内汽车滤清器行业产品品种较为齐全的公司。公司产品涵盖空气滤清器、空调滤清器、机油滤清器和燃油滤清器四大系列8 000多个品种，广泛适用于各类主流乘用车车型、商用车车型和工程机械。凭借优秀的产品质量和供货的及时性，公司产品远销全球 30 多个国家和地区的汽车后市场，主要客户包括德国 Bilstein、澳大利亚 Wesfil、LKQ 欧洲等知名企业。

公司是中国汽车流通协会售后零部件分会副理事长单位、中国汽车工业协会车用滤清器委员会理事单位和中国内燃机工业协会滤清器分会副理事长单位，参与起草了滤清器行业 1 项国家标准、9 项行业标准和 2 项团体标准。公司已通过 ISO9001：2015、IATF16949：2016 国际质量管理体系认证及 ISO14001：2015 国际环境管理体系认证，先后荣获“中国汽车用品行业十大驰名品牌”“安徽省著名商标”“安徽省名牌产品”“安徽工业精品”等称号。

公司是高新技术企业，设有省认定企业技术中心。通过多年的探索与积累，公司已取得一系列拥有自主知识产权的核心技术专利。截至目前，公司共拥有各类专利 141 项，其中发明专利 65 项，2014—2019 年连续登榜“安徽省发明专利百强排行榜”，在国内同行业企业中具有较高的知识产权保有量。

2. 竞争优势

（1）产品品种结构优势

公司现有产品涵盖空气滤清器、空调滤清器、机油滤清器和燃油滤清器四大系列8 000余款产品，广泛应用于各类主流乘用车车型、商用车车型和工程机械，能够满足不同国家和地区客户的多样化需求，相较于同行业其他企业具有明显的品种结构优势。丰富的产品品种结构是公司在汽车售后市场具有较强竞争力的关键因素，有利于公司在与同行业企业的市场竞争中获取订单，及时规避单一市场的变化风险，提升公司的持续盈利能力。

（2）技术与研发优势

公司为高新技术企业，设有省级技术中心。多年来，公司一直重视核心技术团队的培养。截至 2020 年 6 月 30 日，公司及子公司共有技术研发人员 64 人。

目前，公司已取得了一系列拥有自主知识产权的核心技术专利，2014—2019 年连续登榜“安徽省发明专利百强排行榜”。截至公开发行说明书签署日，公司拥有各类专利 141 项，其中发明专利 65 项，在同行业中具有较高的知识产权保有量。

同时，公司是中国汽车流通协会售后零部件分会副理事长单位、中国汽车工业协会车用滤清器委员会理事单位和中国内燃机工业协会滤清器分会副理事长单位，参与起草了滤清器行业 1 项国家标准、9 项行业标准和 2 项团体标准。

（3）客户资源优势

公司客户已覆盖全球 30 多个国家和地区。在贴牌产品方面，公司海外市场的主要客户包括德国 Bilstein、澳大利亚 Wesfil、LKQ 欧洲等知名企业，国内主要客户包括佛山丰田纺织、电装（中国）、柳州五菱等。在自主品牌产品方面，公司拥有上百家合作良好的经销商客户，销售网络遍布全国大部分省份。优质的国内外客户群体为公司今后的进一步发展壮大奠定了坚实的基础。

（4）先进的管理制度

公司通过了 ISO9001：2015、IATF16949：2016 国际质量管理体系认证和 ISO14001：2015 国际环境管理体系认证，建立了集采购、仓储、生产、质量和业务于一体的品质保障体系和较为完善的内部管理制度。同时，公司依托 ERP 信息管理手段将上述流程固化到管理系统中，降低管理中的人为因素影响。

3. 财务摘要

安徽凤凰财务摘要见表 6-15。

表 6-15 安徽凤凰财务摘要

项目	2020 年 6 月 30 日/2020 年 1—6 月	2019 年 12 月 31 日/2019 年度	2018 年 12 月 31 日/2018 年度	2017 年 12 月 31 日/2017 年度
资产总额（元）	447 362 404. 85	416 108 815. 05	320 793 812. 20	282 109 476. 94
股东权益合计（元）	310 259 273. 88	295 460 895. 41	254 251 907. 45	226 052 978. 90
归属于母公司所有者的股东权益（元）	310 200 696. 91	295 452 910. 70	254 177 416. 99	225 873 491. 70
每股净资产（元）	5. 16	4. 92	4. 23	3. 76
归属于母公司所有者的每股净资产（元）	5. 16	4. 92	4. 23	3. 76

续表

项目	2020年6月30日/2020年1—6月	2019年12月31日/2019年度	2018年12月31日/2018年度	2017年12月31日/2017年度
资产负债率（合并）（%）	30. 65	28. 99	20. 74	19. 87
资产负债率（母公司）（%）	30. 53	28. 37	19. 73	17. 44
营业收入（元）	137 663 036. 10	292 922 011. 08	272 742 005. 71	275 486 548. 12
毛利率（%）	32. 68	32. 56	29. 53	28. 16
净利润（元）	22 005 578. 47	44 812 587. 96	31 802 528. 55	24 273 929. 48
归属于母公司所有者的净利润（元）	21 954 986. 21	44 879 093. 71	31 907 525. 29	24 428 105. 39
扣除非经常性损益后的净利润（元）	20 773 548. 10	38 033 842. 90	29 719 290. 87	22 081 380. 07
归属于母公司所有者的扣除非经常性损益后的净利润（元）	20 722 786. 09	38 101 093. 40	29 826 338. 92	22 235 614. 69
息税折旧摊销前利润（元）	30 986 739. 47	62 381 118. 61	48 382 369. 40	41 119 023. 66
加权平均净资产收益率（%）	7. 19	16. 37	13. 29	11. 31
扣除非经常性损益后净资产收益率（%）	6. 79	13. 89	12. 43	10. 29
基本每股收益（元）	0. 37	0. 75	0. 53	0. 41
稀释每股收益（元）	0. 37	0. 75	0. 53	0. 41
经营活动产生的现金流量净额（元）	33 453 103. 78	59 414 251. 01	44 565 736. 38	33 722 887. 62
每股经营活动产生的现金流量净额（元）	0. 56	0. 99	0. 74	0. 56
研发投入占营业收入的比例（%）	3. 07	4. 47	4. 15	4. 58
应收账款周转率	2. 82	7. 99	8. 38	8. 84
存货周转率	1. 36	2. 98	3. 35	3. 85
流动比率	2. 90	3. 35	3. 06	2. 36
速动比率	1. 75	1. 85	1. 51	1. 39

4. 精选层标准

根据《全国中小企业股份转让系统分层管理办法》，公司系在全国股转系统连续挂牌满 12 个月的创新层挂牌公司，拟按照“标准一”申请公开发行并进入精选层。

公司于 2015 年 3 月 6 日在全国股转系统挂牌，截至公开发行说明书签署日，连续挂牌时间超过 12 个月且目前为创新层挂牌企业。2018 年度、2019 年度实现归属于母公司所有者的扣非净利润分别为2 982.63万元和3 810.11万元，均不低于1 500万元；扣非加权平均净资产收益率分别为12.43%和 13.89%，均不低于 8%。结合公司股票发行价格 7.2 元/股，及初始发行数量1 741万股（不含超额配售选择权），预计发行人公开发行股票后的总市值不低于人民币 2 亿元。符合《全国中小企业股份转让系统分层管理办法》第十五条的规定。

（三）连城数控：光伏设备领先供应商，半导体工艺设备成未来增长点

1. 业务概况

公司是国内技术领先的晶体硅生长和加工设备供应商，为光伏及半导体行业下游客户提供高性能的晶硅制造和硅片处理等生产设备。公司拥有一支来自数控机床制造业的工程师队伍，具有设计、开发精密机械制造的能力。

公司主要产品包括单晶炉、线切设备、磨床、硅片处理设备和氩气回收装备等。自成立以来，公司以产品质量为基础，以市场和客户需求为导向，采用“产品+服务”并举的业务模式，通过不断的技术迭代、新产品研发和服务质量提升赢得客户认可，保持行业领先地位，树立和维护公司在行业内的良好声誉。

2. 竞争优势

（1）技术与研发优势

公司自成立以来一直专注于晶体硅生长设备、加工设备的技术研发，积累了丰富的行业应用经验，通过持续的技术与产品创新，掌握了多项具备独创性的核心工艺技术，积累了雄厚的技术研发实力。

公司拥有一支经验丰富的精密机械设计、制造及自动化控制专业研发团队。经过多年来的研发积累，公司已深刻理解并掌握单晶炉、多线切割技术和工艺。公司产品已获得了市场的广泛认可，取得了良好的经营业绩。公司目前已经成功完成24英寸半导体级单晶炉的研发、制造和销售。随着研发经验的积累，公司系列化产品自主开发能力不断提高，在行业内拥有明显的技术创新和研发能力优势。

（2）产品与服务优势

公司是国内少数几家可以集单晶硅生长设备与加工设备为一体的研发、制造、销售企业之一，技术水平和产品性能均已接近或达到国外同行业先进水平，且与国外企业的产品相比，拥有明显的产品性价比优势。基于公司的研发优势和产品优势，以及丰富的行业应用经验，公司为客户提供定制化的个性服务和优质的售后应用技术服务。

（3）客户资源优势

公司在晶体硅生长设备、加工设备研发制造过程中，得到国内多家知名光伏企业的支持，并建立了良好的互信和协作关系，使得公司研发制造的单晶炉及多线切割机产品迅速得到推广和应用。公司通过有效的营销渠道，培养了忠实的优质客户群体。

（4）品牌优势

公司自成立以来，凭借稳定可靠的质量、性价比优势和专业的售后服务，迅速在行业内树立了良好的品牌形象。公司为中国电子材料行业协会半导体材料分会理事单位，国家知识产权优势企业，辽宁省“专精特新”企业。2011年3月，公司研发的多（单）晶硅多线切方机被评为“第五届（2010年度）中国半导体创新产品和技术”；2011年8月，公司生产的晶体硅多线切方机被科技部、商务部、环保部和国家质量监督检验检疫总局等四部委认定为“国家重点新产品”。公司生产的晶体硅生长及加工设备多次获得辽宁省“专精特新”产品称号。

3. 财务摘要

连城数控财务摘要见表6–16。

表 6-16　连城数控财务摘要

项目	2019年12月31日/2019年度	2018年12月31日/2018年度	2017年12月31日/2017年度
资产总额（元）	2 134 612 100.54	1 601 169 966.45	1 561 344 451.11
股东权益合计（元）	1 120 655 350.37	710 895 874.99	587 027 698.45
归属于母公司所有者的股东权益（元）	1 118 794 124.02	696 610 475.48	578 264 668.46
每股净资产（元）	11.17	8.85	7.48
归属于母公司所有者的每股净资产（元）	11.15	8.67	7.37
资产负债率（合并）（%）	47.50	55.60	62.40
资产负债率（母公司）（%）	47.78	53.21	59.12
营业收入（元）	972 421 117.86	1 053 212 312.26	876 559 888.59
毛利率（%）	34.77	39.59	43.04
净利润（元）	166 478 052.53	170 192 200.31	189 295 610.28
归属于母公司所有者的净利润（元）	161 165 373.44	164 669 830.79	184 804 613.85
扣除非经常性损益后的净利润（元）	146 470 511.25	163 459 574.83	181 319 845.16
归属于母公司所有者的扣除非经常性损益后的净利润（元）	141 264 637.47	158 369 121.86	177 015 973.88
息税折旧摊销前利润（元）	214 668 734.56	211 408 038.39	242 281 633.29
加权平均净资产收益率（%）	16.44	24.91	37.63
扣除非经常性损益后净资产收益率（%）	14.41	23.95	36.05
基本每股收益（元）	1.69	2.06	2.35
稀释每股收益（元）	1.69	2.06	2.35
经营活动产生的现金流量净额（元）	-45 187 185.22	107 916 233.16	112 648 825.32

续表

项目	2019年12月31日/2019年度	2018年12月31日/2018年度	2017年12月31日/2017年度
每股经营活动产生的现金流量净额（元）	-0.47	1.35	1.44
研发投入占营业收入的比例（%）	5.24	3.66	3.43
应收账款周转率	1.82	2.12	3.00
存货周转率	1.26	1.36	1.43
流动比率	1.84	1.59	1.46
速动比率	1.24	1.00	0.92

4. 精选层标准

公司主营业务为光伏及半导体行业晶体硅生长和加工设备的研发、生产和销售。根据《战略性新兴产业分类（2018）》（国家统计局令第23号）的规定，公司属于“6新能源产业”中的“6.3太阳能产业”中的“6.3.1太阳能设备和生产装备制造”。公司具备突出的创新能力，具有明显的技术优势，已取得阶段性研发及经营成果。

公司2018年和2019年合计研发投入金额为8 956.89万元。2019年公司向外部投资机构发行2 000.00万股股份，募集金额人民币2.9亿元，对应的估值为14.55亿元；依据审议公司公开发行的第三届董事会第二十四次会议的前一个交易日、前20个交易日和前60个交易日均价计算，公司对应的市值分别为36.13亿元、35.55亿元、27.90亿元；依据公司同行业同期（审议公司公开发行的第三届董事会第二十四次会议的前一个交易日）可比上市公司晶盛机电（300316）、上机数控（603185）和京运通（601908）的静态市盈率均值31.63倍测算，公司预计市值不低于15亿元。

综上，公司选择的具体进层标准为《全国中小企业股份转让系统分层管理办法》第十五条第二款第四项规定的标准，即公司预计符合“市值不低于15亿元，最近2年研发投入合计不低于5 000万元”的标准要求。

六、化工新材料行业

（一）禾昌聚合：改性塑料小巨头，汽车及家电下游优质客户构筑竞争优势

1. 业务概况

公司主要从事改性塑料的研发、生产和销售，拥有改性聚丙烯、改性工程塑料、改性 ABS、其他改性塑料及塑料片材等多种类型产品，基于下游市场汽车轻量化、家电用材料高性能化、绿色环保等技术发展趋势，通过自身核心技术，满足客户对于塑料材料增强、耐磨、阻燃、耐韧、耐候、耐腐蚀等物理、化学方面特种功能的要求。目前，公司已经构建集基础材料储备、助剂功能研发、改性配方设计、量产工艺开发、产品生产制造、快速物流响应和材料持续优化于一体的运营体系，可为汽车零部件、家电零部件、塑料包装等众多领域的客户提供多种改性塑料产品。

2. 竞争优势

（1）技术研发优势

公司是较早进入改性塑料行业的企业之一，并一贯重视对新技术、新产品的研究开发，现已获得高新技术企业认定。目前，公司已建立完善的技术研发体系，具备较强的技术创新能力，并形成深厚的技术储备，在改性塑料领域具有领先的技术地位。

公司拥有专利 55 项，其中发明专利 9 项，专利覆盖长玻纤增强聚丙烯、耐刮擦高光 PC/ABS 材料、含钛酸钾晶须和玻璃纤维的聚丙烯复合材料等多种类型材料及制备方法。

（2）产品生产优势

目前公司在产品生产方面已经形成产品种类多样、产品质量优异、产品成本控制完善等诸多优势，能够充分满足客户差异化、高质量、低价格的多样化需求。

质量管控方面，公司已通过了 ISO9001：2015 质量管理体系认证和 IATF16949：2016 质量管理体系认证。公司始终将产品质量作为生产管理

的重点内容，通过采用自动化程度高、精度可靠、稳定性高的生产设备以及工艺流程的优化和生产现场的持续改善来确保产品生产制造的高效率、高品质，以实现多品种柔性化生产。

（3）客户资源优势

凭借深厚的技术开发能力、优质的产品性能及快速响应能力，公司在汽车零部件、家电零部件等领域积累了一批优质而稳定的客户资源。在汽车零部件领域，公司与国内汽车主机厂的一级供应商开展了长期稳定的合作，进入了相应主机厂的供应链体系。

3. 财务摘要

禾昌聚合财务摘要见表6-17。

表6-17　禾昌聚合财务摘要

项目	2021年6月30日/2021年1—6月	2020年12月31日/2020年度	2019年12月31日/2019年度	2018年12月31日/2018年度
资产总额（元）	910 770 153.90	919 711 029.93	704 490 918.49	568 397 424.52
股东权益合计（元）	598 577 792.96	564 541 569.02	482 083 998.97	445 341 031.49
归属于母公司所有者的股东权益（元）	598 577 792.96	564 541 569.02	482 083 998.97	445 341 031.49
每股净资产（元）	7.07	6.67	5.93	5.70
归属于母公司所有者的每股净资产（元）	7.07	6.67	5.93	5.70
资产负债率（合并）（%）	34.28	38.62	31.57	21.65
资产负债率（母公司）（%）	29.79	35.17	28.49	16.07
营业收入（元）	478 611 632.46	801 208 021.93	569 624 400.38	435 342 001.39
毛利率（%）	16.21	17.54	16.38	17.05
净利润（元）	43 344 423.94	68 898 079.48	23 216 476.91	49 455 195.09
归属于母公司所有者的净利润（元）	43 344 423.94	68 898 079.48	23 216 476.91	49 455 195.09
扣除非经常性损益后的净利润（元）	42 581 721.86	63 813 077.90	20 780 057.50	19 916 517.83

续表

项目	2021 年 6 月 30 日/2021 年 1—6 月	2020 年 12 月 31 日/2020 年度	2019 年 12 月 31 日/2019 年度	2018 年 12 月 31 日/2018 年度
归属于母公司所有者的扣除非经常性损益后的净利润（元）	42 581 721. 86	63 813 077. 90	20 780 057. 50	19 916 517. 83
息税折旧摊销前利润（元）	57 717 777. 60	91 908 778. 43	34 303 953. 29	69 254 082. 42
加权平均净资产收益率（%）	7. 41	13. 38	5. 04	11. 44
扣除非经常性损益后净资产收益率（%）	7. 28	12. 39	4. 51	4. 61
基本每股收益（元）	0. 51	0. 84	0. 29	0. 63
稀释每股收益（元）	0. 51	0. 84	0. 29	0. 63
经营活动产生的现金流量净额（元）	−29 165 220. 57	3 766 291. 35	−26 588 566. 55	27 572 746. 47
每股经营活动产生的现金流量净额（元）	−0. 34	0. 04	−0. 33	0. 35
研发投入占营业收入的比例（%）	3. 14	3. 45	3. 50	3. 35
应收账款周转率	1. 47	2. 71	2. 49	2. 02
存货周转率	2. 84	6. 00	6. 77	6. 29
流动比率	2. 56	2. 27	2. 64	4. 10
速动比率	2. 10	1. 86	2. 29	3. 56

4. 精选层标准

公司系在全国股转系统连续挂牌满 12 个月的创新层挂牌公司。根据可比公司的估值水平以及公司最近一次定向发行价格推算，预计公司市值不低于 2 亿元；根据公司已披露的 2019 年、2020 年年度报告，公司 2019 年度和 2020 年度归属于母公司所有者的净利润（扣除非经常性损益前后孰低数）分别为2 078. 01万元、6 381. 31万元，最近 2 年净利润均不低于1 500万元；最近 2 年加权平均净资产收益率（扣除非经常性损益前后孰低数）分别为 4. 51%、12. 39%，不低于 8%。

因此，公司适用《全国中小企业股份转让系统分层管理办法》第十五条第（一）项标准：市值不低于2亿元，最近2年净利润均不低于1 500万元且加权平均净资产收益率平均不低于8%，或者最近1年净利润不低于2 500万元且加权平均净资产收益率不低于8%。

（二）利通科技：液压胶管细分排名第一，受益于下游行业景气度回升

1. 业务概况

公司主营业务为液压橡胶软管及软管总成的研发、生产和销售，公司以先进的技术为客户提供适应复杂工业环境要求的液压橡胶软管及软管总成。公司连续多年被中国橡胶工业协会胶管胶带分会评为“胶管十强企业”。公司研发中心获得了CNAS颁发的实验室认可证书，被评为河南省高压橡胶软管工程技术研究中心。公司共参与了胶管行业四项国家标准的起草，现拥有16项国家发明专利和2项实用新型专利，全面掌握了液压橡胶软管的核心技术。

公司产品出口到欧洲、南北美洲、东南亚、俄罗斯、澳大利亚等20多个国家和地区，同时为三一重工、宇通重工、郑煤机、徐工集团、双汇集团、洛阳一拖、山河智能等知名企业配套高性能的液压橡胶软管及软管总成产品，产品广泛应用于工程机械、煤矿机械、化工、石油钻采、食品等行业领域。

2. 财务摘要

利通科技财务摘要见表6-18。

表6-18 利通科技财务摘要

项目	2020年6月30日/2020年1—6月	2019年12月31日/2019年度	2018年12月31日/2018年度	2017年12月31日/2017年度
资产总额（元）	436 200 289.28	383 367 760.92	312 616 629.62	259 793 203.73
股东权益合计（元）	255 679 713.70	243 463 673.18	212 402 023.36	188 922 523.81
归属于母公司所有者的股东权益（元）	255 679 713.70	243 463 673.18	212 841 820.53	189 077 942.71
每股净资产（元）	4.92	4.68	4.08	3.63
归属于母公司所有者的每股净资产（元）	4.92	4.68	4.09	3.64

续表

项目	2020年6月30日/2020年1—6月	2019年12月31日/2019年度	2018年12月31日/2018年度	2017年12月31日/2017年度
资产负债率（合并）（%）	41.38	36.49	32.06	27.28
资产负债率（母公司（%）	40.88	35.77	31.38	26.70
营业收入（元）	133 612 184.40	262 448 779.03	275 879 336.47	217 664 113.84
毛利率（%）	32.07	33.65	29.64	32.55
净利润（元）	17 455 013.01	30 684 719.36	23 282 107.58	22 480 279.19
归属于母公司所有者的净利润（元）	17 455 013.01	30 583 976.47	23 586 225.05	22 571 972.97
扣除非经常性损益后的净利润（元）	16 578 700.80	25 092 355.20	19 772 010.76	19 103 730.81
归属于母公司所有者的扣除非经常性损益后的净利润（元）	16 578 700.80	24 991 612.31	20 076 128.23	19 195 424.59
息税折旧摊销前利润（元）	31 041 289.32	53 721 145.62	43 119 817.43	41 266 467.92
加权平均净资产收益率（%）	6.94	13.38	11.74	12.69
扣除非经常性损益后净资产收益率（%）	6.59	10.93	9.99	10.79
基本每股收益（元）	0.34	0.59	0.45	0.43
稀释每股收益（元）	0.34	0.59	0.45	0.43
经营活动产生的现金流量净额（元）	25 788 224.45	32 036 720.36	34 043 737.52	17 554 219.68
每股经营活动产生的现金流量净额（元）	0.50	0.62	0.65	0.34
研发投入占营业收入的比例（%）	3.44	4.08	4.04	4.06
应收账款周转率	1.78	3.74	4.44	4.08
存货周转率	1.44	3.22	3.31	2.64
流动比率	1.32	1.63	1.68	2.20
速动比率	0.81	1.05	1.10	1.28

3. 精选层标准

公司选择《全国中小企业股份转让系统分层管理办法》第十五条第（一）款规定的进层标准，具体如下：在全国股转系统连续挂牌满 12 个月的创新层挂牌公司，可以申请公开发行并进入精选层。挂牌公司申请公开发行并进入精选层时，应当符合下列条件之一：市值不低于 2 亿元，最近 2 年净利润均不低于1 500万元且加权平均净资产收益率平均不低于 8%，或者最近 1 年净利润不低于2 500万元且加权平均净资产收益率不低于 8%。

公司于 2015 年 4 月 16 日在全国股转系统挂牌，已满 12 个月；公司目前属于创新层公司；公司预计市值不低于 2 亿元；公司 2018 年归母净利润为2 007.61万元，2019 年归母净利润为2 499.16万元，最近 2 年净利润均不低于1 500万元；公司 2018 年加权平均净资产收益率为 9.99%、2019 年加权平均净资产收益率为 10.93%，最近 2 年加权平均净资产收益率平均不低于 8%（上述净利润和加权平均净资产收益率取扣除非经常性损益前后孰低值）。

综上，公司符合《全国中小企业股份转让系统分层管理办法》第十五条第（一）款的规定。

（三）颖泰生物：国内仿制农药龙头，紧抓国际农药专利到期机遇

1. 业务概况

公司是以研发为基础、以市场需求为先导的农化产品供应商，主要从事农药原药、中间体及制剂产品的研发、生产、销售和 GLP 技术服务。公司秉持“担当、创新、协作”的核心价值观，以“让农化更好地服务于社会”为使命，经过多年的积累和创新，已形成品种丰富、工艺技术较为先进的除草剂、杀菌剂、杀虫剂三大品类百余种产品。公司将高品质产品销售给优质客户服务于全球植物保护市场，业务遍布全球 20 余个国家和地区，产品受到了 ADAMA（安道麦）、CORTEVA（科迪华）、NUFARM（纽发姆）、LANXESS（朗盛）等众多国际知名跨国农化公司的认可。

公司拥有成熟的自主研发创新体系，截至 2019 年末，已获得授权国家专利 174 项，在全球 52 个国家和地区拥有多项农药注册登记证并拥有境内

农药登记证403项，位于行业前列。公司主持和参与制定公布实施的国家和行业标准22项，其中国家标准5项、行业标准17项，参与制定联合国粮食及农业组织（FAO）国际标准5项并均已公布实施，公司成为国内首家申请并获得通过的FAO/WHO国际农药标准的企业。公司先后获得北京市高新技术企业称号、北京市企业技术中心称号、十百千工程重点培育企业称号。

2016—2018年，公司位列全球农化行业销售收入的第13名、第12名和第10名，位于中国本土农化公司之首。公司连续多年位于全国农药行业销售百强企业前三名。根据中国农药工业协会统计，2014—2018年，公司分别位列全国农药销售百强的第3名、第2名、第3名、第1名和第2名。

2. 竞争优势

公司已成为中国本土成长的农化龙头企业之一，并在全球竞争中占有一席之地。2016—2018年，公司位列全球农化行业销售收入的第13名、第12名和第10名，位于中国本土农化公司之首。2014—2018年，公司分别位列全国农药销售百强的第3名、第2名、第3名、第1名和第2名，处于行业领先地位。

公司是中国植物保护行业标准的制定者和引领者。公司主持和参与制定公布实施的国家和行业标准22项，其中国家标准5项、行业标准17项，参与制定FAO国际标准5项并均已公布实施，公司成为国内首家申请并获得通过的FAO/WHO国际农药标准的企业。

公司具备强大的研发实力，拥有一支高技术、高学历、高素质的研发队伍。在植物保护研究方面，公司承担了国家“十二五”科技支撑计划、国家火炬计划、省级千人计划、省级重大专项、省级新产品计划等多项科技项目，解决了多项行业关键共性技术难题；在生物技术研究方面，公司聚焦种业性状的研究，具备中国领先的生物技术研发实力。依靠丰富的行业经验，公司紧紧围绕市场需求和行业前景进行产品开发，并依托较强的生产能力，迅速响应市场需求。

3. 财务摘要

颖泰生物财务摘要见表6-19。

表 6-19 颖泰生物财务摘要

项目	2019 年 12 月 31 日/2019 年度	2018 年 12 月 31 日/2018 年度	2017 年 12 月 31 日/2017 年度
资产总额（元）	11 307 121 720. 30	11 871 219 663. 83	13 767 904 382. 59
股东权益合计（元）	4 035 230 730. 98	4 019 399 448. 18	4 414 060 763. 31
归属于母公司所有者的股东权益（元）	3 986 426 001. 45	3 943 859 880. 73	4 038 304 230. 52
每股净资产（元）	3. 58	3. 63	3. 99
归属于母公司所有者的每股净资产（元）	3. 54	3. 57	3. 65
资产负债率（合并）（%）	64. 31	66. 14	67. 94
资产负债率（母公司）（%）	47. 47	51. 98	56. 93
营业收入（元）	5 295 185 421. 41	6 232 314 272. 39	6 139 668 659. 12
毛利率（%）	24. 51	23. 10	16. 40
净利润（元）	267 124 914. 44	460 875 096. 41	296 826 626. 16
归属于母公司所有者的净利润（元）	281 685 348. 22	443 484 515. 71	291 631 940. 00
扣除非经常性损益后的净利润（元）	254 247 168. 26	449 025 884. 01	161 943 526. 05
归属于母公司所有者的扣除非经常性损益后的净利润（元）	268 726 031. 39	431 544 058. 38	154 617 933. 64
息税折旧摊销前利润（元）	1 033 288 897. 55	1 326 560 437. 22	882 231 126. 98
加权平均净资产收益率（%）	7. 06	10. 92	7. 28
扣除非经常性损益后净资产收益率（%）	6. 74	10. 63	3. 86
基本每股收益（元）	0. 25	0. 40	0. 26
稀释每股收益（元）	0. 25	0. 40	0. 26
经营活动产生的现金流量净额（元）	1 000 141 063. 18	985 594 827. 43	152 804 937. 43
每股经营活动产生的现金流量净额（元）	0. 89	0. 89	0. 14
研发投入占营业收入的比例（%）	3. 41	3. 30	2. 49
应收账款周转率	3. 95	3. 59	3. 33

续表

项目	2019年12月31日/2019年度	2018年12月31日/2018年度	2017年12月31日/2017年度
存货周转率	2.66	3.22	3.87
流动比率	0.77	1.03	1.15
速动比率	0.50	0.73	0.90

4. 精选层标准

公司根据《全国中小企业股份转让系统分层管理办法》的要求，结合企业自身规模、经营情况、盈利情况等因素综合考量，选择的具体挂牌标准为：市值不低于2亿元，最近2年净利润均不低于1 500万元且加权平均净资产收益率平均不低于8%，或者最近1年净利润不低于2 500万元且加权平均净资产收益率不低于8%。

根据可比公司的估值水平推算，公司预计市值不低于2亿元；2018年、2019年公司实现扣除非经常性损益后归属于母公司股东的净利润分别为43 154.41万元、26 872.60万元，最近2年加权平均净资产收益率为8.68%。符合最近2年净利润不低于1 500万元且加权平均净资产收益率平均不低于8%的要求。

后　记

北京证券交易所（简称北交所）是在新三板的基础上设立的，是新三板改革的一个重要里程碑。新三板自2006年推出，2013年逐步发展成全国性的股权交易平台，2019年全面深化改革推出精选层，到今日将精选层平移设立北交所，中小企业实现上市的梦想已不再遥远。

2021年9月2日，习近平总书记在2021年中国国际服务贸易交易会全球服务贸易峰会中亲自宣布："我们将继续支持中小企业创新发展，深化新三板改革，设立北京证券交易所，打造服务创新型中小企业主阵地。"

从北交所设立消息的宣布，到北交所完成工商注册，仅用了1天时间。但回顾北交所的前身新三板，却已经有15年的历史。

新三板的参与者来来往往，走走留留。然而，最终有一批人坚持了下来，等到了今日的北交所，我就是其中之一。自新三板设立至今，我已投入新三板事业近20个年头。回顾这些年来的历程，我认为现在的北交所正值历史大发展机遇，可遇而不可求。在这个时点上，要抓住机遇，迎接挑战。我在这里分享下自己对新三板和北交所的看法，以及中小企业面临的历史性机遇。

一、峰回路转、柳暗花明

2015—2017年，新三板市场一片火热，无论是挂牌企业还是券商机构，都享受了一波制度红利。但随后2018—2020年，随着新三板交易不活跃，流动性不足，其融资功能受到很多非议，新三板经历了三年低谷期。很多企业挂牌后没有成功融到过一笔资金，反而增加了运营成本，这让很多新三板挂牌企业很失望。于是，很多企业离开了。有关统计数据显示，新三板已从历史最高2017年时的11 630家，跌至现在的7 200余家。这一状况持续至北交所设立，北交所设立后新三板的热情被重新点燃了起来，很多优质企业争抢申报机会，投资机构抓紧入场布局，个人投资者门槛降低至50万元，流动性进一步提升。北交所明确支持创新型中小企业，突出创新精神，这是国家在市场战略方面的调整，有利于中小型创新企业的长期发展，令人备受鼓舞。

二、怎样参与北交所

北交所消息出来之后，我也异常忙碌起来，我们之前很多客户回来聊北交所的事。无论是已经挂牌的、准备挂牌的、摘牌的企业，还是投资机构等，热情都很高。精选层设立后，当时大家对市场的看法还不统一，挂牌企业数量并没有明显增多；但在北交所设立后，三板市场预计会出现一波增量行情，申请挂牌和上市的企业数量都会大幅上升。

北交所的设立继续沿用注册制的政策，强化信息披露义务，压实中介机构责任。对挂牌企业和中介机构来说，要从自身实力和项目把控方面入手，把应当规范的事务做好，做扎实，这样才能利用政策红利窗口期加速企业的发展步伐，把握住这波行情。

对企业家而言，无论什么样的制度，建立多少交易所，企业质量都是基石。资本市场永远寻找优质的标的企业，只要我们自身足够优秀，资本市场的大门永远为我们敞开。有些企业家把企业做得很大很稳，财务状况很好，但企业发展到一定程度总会出现天花板，无法逾越。此时，不妨借助资本的力量进入资本市场大门，通过并购整合实现上下游资源对接，将别人的钱为自己企业所用，自己受益的同时别人也能获益，这是资本的魅力。

对中介机构从业者而言：一定要与时俱进，熟练掌握业务规则，北交所政策出来后大家站在同一起跑线上，谁能跑得快，抓住更多的机会，取决于每个人的“内功”。在注册制的背景下，还要强化风险意识，随着证券法的修订，中介机构比之前承担的责任更大了，处罚也更严厉了。有时开玩笑地说，我们这个行业也成了高风险行业，只有加强自我保护，在职业发展的道路上才能走得更长远。

三板汇集团董事长　李　浩

2021 年 11 月